新 思 想 学 理 化 研 究

"两大布局"论

殷德生◎著

上海人民出版社

编委会

出版说明

　　一个民族要走在时代前列，就一刻不能没有理论思维，一刻不能没有正确思想指引。党的十八大以来，以习近平同志为主要代表的中国共产党人，坚持把马克思主义基本原理同中国具体实际相结合、同中华优秀传统文化相结合，深刻总结并充分运用党成立以来的历史经验，从新的实际出发，创立了习近平新时代中国特色社会主义思想。党的十九届六中全会决议指出，习近平新时代中国特色社会主义思想，是对马克思列宁主义、毛泽东思想、邓小平理论、"三个代表"重要思想、科学发展观的继承和发展，是马克思主义中国化最新成果，是党和人民实践经验和集体智慧的结晶，是中国特色社会主义理论体系的重要组成部分，是全党全国人民为实现中华民族伟大复兴而奋斗的行动指南。

　　新思想引领新时代，新使命开启新征程。《国家"十四五"时期哲学社会科学发展规划》明确要求，深化拓展习近平新时代中国特色社会主义思想研究阐释，从理论主题、体系框架、逻辑结构、概念范畴等方面作出有深度的学理阐发，更好引领相关学科的学术研究、知识建构、教材编写；深刻把握习近平新时代中国特色社会主义思想的政治意义、历史意义、理论意义、实践意义，不断深化习近平新时代中国特色社会主义思想学理化阐释、学术化表达、系统化构建，推出具有理论重量、思想分量、话语质量的理论成果。

　　为深入贯彻落实中央和中共上海市委关于学习宣传、研究阐释习近平新时代中国特色社会主义思想的要求和部署，在中共上海市委宣传部指导下，2020年6月，上海市社会科学界联合会组织实施"习近平新时代中国特色社会主义思想系统化学理化”系列研究项目，时任上海市社联党组书记、专职副主席权衡研究员提出 12 个课题研究方向：新思想与 21 世纪中国马克思主义最新成果；新思想的马克思主义方法论体系；新思想与中国全面建设社会主义现代化伟大事业；新时代中国特色社会主义的历史方位；中国特色社会主义本质特征与中国共产党的领导；中国特色社会主义基本内涵与“四个自信”新思想；中国特色社会主义价值目标与人民性的根本立场；中国特色社会主义发展新阶段与社会主要矛盾转化新论断；中国特色社会主义发展理念与高质量发展；中国特色社会主义伟大实践与“五位一体”总体建设和“四个全面”战略布局；中国特色社会主义发展保障理念与战略；中国特色社会主义发展的全球观与人类命运共同体思想，启动并组织开展课题研究。

结合本系列研究目标定位和主旨要求，上海市社联组织专家研讨，深入听取意见，仔细酝酿斟酌，广泛沟通联络，遴选合适人选。来自本市主要高校、党校、科研单位相关学科领域 12 位资深专家和学界新锐最终应邀担任子课题责任专家。

中共上海市委宣传部领导高度重视此项工作，亲自推动本系列专项研究深化细化，多次提出一系列明确的指导意见；2020 年 8 月，本系列研究被列为上海市哲学社会科学规划研究项目。

在课题论证和研究展开阶段，根据上海市社联党组要求，上海市社联科研组织处充分发挥协调推进作用，先后举行 5 场专题研讨会，就系列课题的整体框架设计、学科分析方法、学术理论构建、理论原创性和实践指导价值等进行研讨。上海社科界相关学科领域专家学者以及课题责任专家与会进行深入探讨交流。

在此过程中，上海市社联所属《学术月刊》开设专栏，刊发课题专家研究阐释新思想的系列文章：《习近平新时代中国特色社会主义思想学理化论纲》《系统观念是新时代基础性的思想和工作方法》。子课题责任专家也撰写系列学术研究和理论宣传文章，在学术刊物和理论媒体发表后都引起学术界的关注与反响。

2021 年 8 月，上海市社科规划办、上海市社联启动系列研究课题结项工作。上海市社联邀请上海社科界相关学科领域专家学者，分别以答辩会和通讯评审形式，对 12 个课题结项成果开展评审。上海人民出版社提前介入，参与课题评审和出版准备工作。上海市社联及时汇总并向课题组反馈评审意见，推动书稿修改完善工作。2022 年 1 月，本系列研究 12 个课题全部通过评审，顺利结项。

围绕课题研究成果出版，上海市社联召开 3 次专题会议，协商推进新思想学理化研究系列丛书出版，商定系列丛书出版的目标指向、基本要求、主要安排，为研究成果公开出版提供明确指导、有力牵引和坚实支撑。

在该系列丛书组织编写出版过程中，上海市社联积极发挥引领主导、统筹协调、服务保障作用，力求使本课题研究成果体现以下特色：

一是强化思想引领。坚持学习和研究相结合、促工作和带队伍相结合，课题专家在构建逻辑自洽的理论体系研究实践中，深入学习领会习近平新时代中国特色社会主义思想的学理性，结合党史学习教育，推动专题学习研讨和学术交流活动不断走深、走实。

二是把握重要环节。引领课题专家深入理解本系列研究的内涵要求和功能定位，围绕准确把握各课题研究的重点、难点和突出问题，提供有思想性、创新性、操作性的咨询服务和指导意见。

三是树立精品意识。妥善处理学术与政治的关系、理论与实践的关系、已有成果和学术创新的关系，课题专家能够以锻造学术精品为指向，深入思考、反复打磨、系统论证、完善提纲，为深化研究和形成书稿打牢基础。

四是注重成果导向。始终聚焦党的理论创新工作需要关注的重大问题，着眼于有效开展党的创新理论的研究阐释和宣传推广，深化理论研究，推动成果传播，促进学术交流。

在当前深入学习贯彻习近平总书记系列重要讲话精神和上海市第十二次党代会精神的热潮中，新思想学理化研究系列丛书即将正式出版。本系列丛书努力传承、发扬上海学界求真、务实、创新、理性的科研作风和优良学风，坚持学习研究和阐释传播相结合、学理阐发和体系构建相结合、学术创新和服务实践相结合，努力打造能够体现上海学界水准的精品之作。

习近平总书记指出，马克思主义中国化取得了重大成果，但还远未结束。我国哲学社会科学的一项重要任务就是继续推进马克思主义中国化、时代化、大众化。新思想学理化研究系列丛书是上海理论社科界忠实履行党的创新理论学理化学术化这一时代之责所进行的初步探索、取得的最新成果。我们期望这套丛书能够对当代中国马克思主义、21世纪马克思主义的进一步丰富和发展，贡献上海学界的积极力量，以实际行动迎接党的二十大胜利召开。

权 衡 王为松

2022 年 8 月

目录 CONTENTS

001 | 第一章

"两大布局"的系统理论

一、"两大布局"科学体系的内涵与形成 / 001

二、"两大布局"科学体系的系统性及其
立论依据 / 011

021 | 第二章

"两大布局"的战略理论

一、中国式现代化进程的战略安排 / 021

二、中国式现代化新道路的内涵 / 027

三、中国式现代化道路的基本经验 / 035

四、"两大布局"推动中国式现代化
理论的飞跃 / 043

048 | 第三章

"两大布局"的结构理论

一、"两大布局"与经济新常态 / 048

二、"两大布局"与新发展阶段理论 / 056

三、"两大布局"与新发展理念 / 060

四、"两大布局"与新发展格局理论 / 069

077 | 第四章

"两大布局"的动力理论

一、改革开放的"关键一招"论 / 078

二、改革开放的"正确道路"论 / 089

三、中国式改革的经验与方法论 / 093

四、中国式改革的原创性理论 / 098

108 / 第五章

"两大布局"的政治经济学框架

一、"两大布局"政治经济学框架形成的背景 / 108

二、"两大布局"政治经济学体系形成的特征

事实 / 114

三、"两大布局"中赶超增长的规律性成果与原创性

理论 / 118

四、"两大布局"中结构转型的规律性成果与原创性

理论 / 128

137 / 第六章

"两大布局"的发展理论体系

一、"两大布局"发展理论体系形成的背景 / 137

二、"两大布局"发展理论体系的基本特征 / 140

三、"两大布局"发展理论体系的基本框架 / 145

四、"两大布局"发展理论的学理逻辑 / 154

170 / 后　记

第一章

"两大布局"的系统理论

一、"两大布局"科学体系的内涵与形成

(一)"五位一体"总体布局论的内涵及其形成

1. "五位一体"总体布局论的内涵

"经过长期努力,中国特色社会主义进入了新时代,这是我国发展新的历史方位"[1]。这一重大政治论断赋予党的历史使命、理论遵循、目标任务以新的时代内涵。统筹推进"五位一体"总体布局,协调推进"四个全面"战略布局,这"两大布局"成为新时代我们党治国理政的基本方略。

党的十八大正式确立了"五位一体"建设中国特色社会主义总体布局,即经济建设、政治建设、文化建设、社会建设、生态文明建设"五位一体"总体布局,以此"促进现代化建设各方面相协调,促进生产关系与生产力、上层建筑与经济基础相协调,不断开拓生产发展、生活富裕、生态良好的文明发展道路"[2]。"五位一体"总体布局是党对社会主义建设规律认识不断深化的重大理论创新成果,"以全新的视野深化了对共产党执政规律、社会主义建设规律、人类社会发展规律的认识"[3]。

---

[1]《中国共产党第十九次全国代表大会文件汇编》,人民出版社 2017 年版,第 8 页。

[2]《十八大以来重要文献选编》(上),中央文献出版社 2014 年版,第 7 页。

[3] 同上书,第 10 页。

"建设中国特色社会主义，总依据是社会主义初级阶段，总布局是五位一体，总任务是实现社会主义现代化和中华民族伟大复兴。"[1] "中国特色社会主义道路，就是在中国共产党领导下，立足基本国情，以经济建设为中心，坚持四项基本原则，坚持改革开放，解放和发展社会生产力，建设社会主义市场经济、社会主义民主政治、社会主义先进文化、社会主义和谐社会、社会主义生态文明，促进人的全面发展，逐步实现全体人民共同富裕，建设富强民主文明和谐的社会主义现代化国家。"[2] 显然，"五位一体"总体布局是中国特色社会主义道路的内在要求，是习近平新时代中国特色社会主义思想的重要组成部分。

统筹推进"五位一体"总体布局，是习近平新时代中国特色社会主义思想的重要内容，阐明了新时代中国特色社会主义建设的目标方向和战略部署。自党的十八大以来，尤其在党的十九届五中全会上，"五位一体"总体布局的基本内涵日益丰富：

（1）在经济建设上，适应、把握、引领经济发展新常态，完整准确全面贯彻新发展理念，以推动高质量发展为主题，以深化供给侧结构性改革为主线，以改革创新为根本动力，以满足人民日益增长的美好生活需要为根本目的，建设现代化经济体系，加快构建新发展格局。

（2）在政治建设上，就是坚持党的全面领导、人民当家作主、依法治国的有机统一，健全社会主义民主法治，全面推进依法治国。完善基层民主制度，健全协商民主制度，巩固和发展爱国统一战线，彰显社会公平正义。健全党和国家监督体系，完善国家行政体系。

（3）在文化建设上，就是坚持马克思主义在意识形态领域的指导地位，坚定文化自信，以社会主义核心价值观引领文化建设，培育和践行社会主义核心

---

[1][2]《十八大以来重要文献选编》（上），中央文献出版社 2014 年版，第 10 页。

价值观，提高人民思想道德素质、科学文化素质和身心健康素质，健全公共文化服务体系和文化产业体系，提升国家文化软实力，建设社会主义文化强国。

（4）在社会建设上，就是保障和改善民生，解决好人民最关心最直接最现实的利益问题，打造共建共治共享的社会治理格局，有效维护国家安全。坚持把实现好、维护好、发展好最广大人民根本利益作为发展的出发点和落脚点，加强和创新社会治理，健全基本公共服务体系，完善共建共治共享的社会治理制度，扎实推动共同富裕，促进人的全面发展和社会全面进步。

（5）在生态文明建设上，就是坚持绿水青山就是金山银山理念，推进绿色发展，建设美丽中国。坚持尊重自然、顺应自然、保护自然，形成节约资源和保护环境的空间格局、产业结构、生产方式和生活方式。实施可持续发展战略，构建生态文明体系，建设人与自然和谐共生的现代化。

"五位一体"总体布局在坚持马克思主义实践观的基础上，将客观物质性、主观能动性和社会历史性统一起来，深刻阐释了不同时期中国特色社会主义实践的内涵与外延，准确把握了中国特色社会主义的实践方向，创新了中国特色社会主义的实践经验。"五位一体"总体布局的形成是对中国特色社会主义实践的丰富和发展，遵循的是马克思主义政治经济学的基本逻辑——生产力与生产关系相适应、上层建筑与经济基础相适应。

2. "五位一体"总体布局论的形成

"五位一体"总体布局是在中国特色社会主义伟大实践的过程中形成的，历经从物质文明、精神文明"两个文明"，到经济、政治、文化建设"三位一体"，经济、政治、文化、社会建设"四位一体"，再到"五位一体"，这是我们党对社会主义建设规律认识不断深化的重大成果，带来了发展理念和发展方式的深刻转变。

早在新民主主义革命时期，毛泽东同志就提出，"我们共产党人，多年以来，不但为中国的政治革命和经济革命而奋斗，而且为中国的文化革命而奋斗；一切这些的目的，在于建设一个中华民族的新社会和新国家。在这个新社会和新国家中，不但有新政治、新经济，而且有新文化"[1]。新中国成立以后，党领导人民展开了社会主义的全面建设，布局社会主义建设计划，探索社会主义建设途径。改革开放初期，面对社会一些不良风气，以邓小平同志为主要代表的中国共产党人深刻认识到精神文明建设的重要性，强调物质文明建设和精神文明建设要"两手抓，两手都要硬"，形成了"两个文明"论。[2] 据此，党的十二届六中全会还提出了"社会主义现代化建设的总体布局"，初步确立我国社会主义现代化建设的总体布局，这就是"以经济建设为中心，坚定不移地进行经济体制改革，坚定不移地进行政治体制改革，坚定不移地加强精神文明建设，并且使这几个方面互相配合，互相促进"[3]。随着改革开放和社会主义现代化建设事业的不断发展，人们对社会主义政治文明、社会文明的呼声高涨。以江泽民同志为主要代表的中国共产党人提出了以政治、经济、文化建设为主的"三位一体"总体布局。党的十五大、十六大进一步明确了中国特色社会主义经济、政治、文化全面建设、全面发展的目标和要求，深化了对总体布局的认识。党的十六大以后，党又提出了社会建设的任务，使中国特色社会主义事业更加明确地由"三位一体"发展为"四位一体"。党的十七大提出建设生态文明，并把它作为实现全面小康社会奋斗目标的新要求。党的十八大正式确立了"五位一体"建设中国特色社会主义总体布局。[4]

党的十八大以来，中国特色社会主义进入新时代，这是我们党在科学把握

[1]《毛泽东选集》第 2 卷，人民出版社 1991 年版，第 663 页。
[2]《邓小平文选》第 3 卷，人民出版社 1993 年版，第 156 页。
[3]《十二大以来重要文献选编》（下），人民出版社 1988 年版，第 1173—1174 页。
[4] 中共中央党校编：《习近平新时代中国特色社会主义思想基本问题》，人民出版社、中共中央党校出版社 2020 年版，第 72 页。

世情国情党情深刻变化和遵循历史规律和历史趋势的基础上，作出的一项关系全局的重大战略考量，进一步彰显了中国共产党与时代共同进步的先进性本色。从发展阶段看，党的十八大以来，改革开放和社会主义现代化建设取得历史性成就，经济总量自 2010 年以来一直稳居世界第二，中国特色社会主义进入新的发展阶段。党的十九大到二十大是"两个一百年"奋斗目标的历史交汇期，我们既要全面建成小康社会、实现第一个百年奋斗目标，又要乘势而上开启全面建设社会主义现代化国家新征程，向第二个百年奋斗目标进军[1]。从社会主要矛盾看，我国社会主要矛盾已经由人民日益增长的物质需要同落后的社会生产之间的矛盾，转化为人民日益增长的美好生活需要和不平衡不充分的发展之间的矛盾。[2] 这一重大历史性变化对发展全局产生了广泛而深刻的影响。"新时代是中国特色社会主义新时代，而不是别的什么新时代"[3]。这个新时代，既同改革开放以来的发展历程一脉相承，又体现了很多与时俱进的新特征，内涵丰富、意蕴深远。党的十九大提出在全面建成小康社会的基础上，分两步走在本世纪中叶建成社会主义现代化强国的战略安排。在庆祝中国共产党成立 100 周年大会上，习近平总书记庄严宣告，"我们实现了第一个百年奋斗目标，在中华大地上全面建成了小康社会，历史性地解决了绝对贫困问题，正在意气风发向着全面建成社会主义现代化强国的第二个百年奋斗目标迈进"[4]。在新的征程上，我们必须坚持党的基本理论、基本路线、基本方略，统筹推进"五位一体"总体布局、协调推进"四个全面"战略布局，全面深化改革开放，立足新发展阶段，完整、准确、全面贯彻新发展理念，构建新发展格局，推动高质量发展，推进

［1］《中国共产党第十九次全国代表大会文件汇编》，人民出版社 2017 年版，第 22 页。
［2］ 同上书，第 9 页。
［3］《习近平关于"不忘初心、牢记使命"重论述选编》，中央文献出版社 2019 年版，第 299 页。
［4］ 习近平：《在庆祝中国共产党成立 100 周年大会上的讲话》，人民出版社 2021 年版，第 2 页。

科技自立自强，保证人民当家作主，坚持依法治国，坚持社会主义核心价值体系，坚持在发展中保障和改善民生，坚持人与自然和谐共生，协同推进人民富裕、国家强盛、中国美丽。[1]

唯物辩证法的发展观指出，事物的发展是一个由低级到高级，由简单到复杂的进化过程。显然，"五位一体"总体布局理论不是一蹴而就的，而是在阶段性发展和螺旋式上升过程中渐次形成的。"五位一体"总体布局的形成是政治、经济、文化、社会和生态文明建设逐步实现阶段性发展，最后凝聚合力的一个过程，也是中国共产党对社会主义建设规律的认识不断推陈出新、实现新突破、达到新境界的一个过程。

（二）"四个全面"战略布局论的内涵及其形成

1. "四个全面"战略布局论的内涵

"四个全面"战略布局是党的十八大以后逐渐形成的。"'四个全面'的战略布局是从我国发展现实需要中得出来的，从人民群众的热切期待中得出来的，也是为推动解决我们面临的突出矛盾和问题提出来的。"[2]党的十八大以来，我国改革进入"深水区"，面对的都是难啃的"硬骨头"，发展进入矛盾凸显期，各种风险考验交织叠加。正如习近平总书记指出的："我们现在所处的，是一个船到中流浪更急、人到半山路更陡的时候，是一个愈进愈难，愈进愈险而又不进则退、非进不可的时候。"[3]中国特色社会主义进入新时代，正需要新的战略布局。

"四个全面"战略布局，"既有战略目标，也有战略举措，每一个'全面'都具有重大战略意义。全面建成小康社会是我们的战略目标"，"全面深化改革、

---

[1] 习近平：《在庆祝中国共产党成立100周年大会上的讲话》，人民出版社2021年版，第14页。

[2] 《习近平谈治国理政》第2卷，外文出版社2017年版，第24页。

[3] 习近平：《论坚持全面深化改革》，中央文献出版社2018年版，第524页。

全面依法治国、全面从严治党是三大战略举措"[1]。全面建成小康社会是发展目标，处于引领地位。在总结全面建设小康社会成就和经验的基础上，党的十八大明确提出全面建成小康社会的宏伟目标。全面建成小康社会，包括经济持续健康发展，人民民主不断扩大，文化软实力显著增强，人民生活水平全面提高，资源节约型、环境友好型社会建设取得重大进展等。[2]它代表着那个阶段党的追求和人民的愿望，对那个阶段党和国家事业发展起着战略引领作用。

在2020年如期实现全面建成小康社会以后，接下来的是全面建设社会主义现代化国家，其在新的"四个全面"战略布局中起着引领作用。全面深化改革是根本动力。"实践充分证明，改革开放是党和人民大踏步赶上时代的重要法宝，是坚持和发展中国特色社会主义的必由之路，是决定当代中国命运的关键一招，也是决定实现'两个一百年'奋斗目标、实现中华民族伟大复兴的关键一招。"[3]党的十八大以来，我们党以巨大的政治勇气和智慧，提出"全面深化改革的总目标是完善和发展中国特色社会主义制度，推进国家治理体系和治理能力现代化，着力增强改革系统性、整体性、协同性"[4]。无论是全面建成小康社会还是全面建设社会主义现代化国家，都必须全面深化改革，构建系统完备、科学规范、运行有效的制度体系，[5]使各方面制度更加成熟更加定型。实现社会主义现代化，实现中华民族伟大复兴，最根本最紧迫的任务仍然是进一步解放和发展社会生产力，"发展仍是解决我国所有问题的关键"[6]。全面深化改革，就是"加快发展社会主义市场经济、民主政治、先

---

[1] 习近平：《论坚持全面深化改革》，中央文献出版社2018年版，第149页。
[2] 《十八大以来重要文献选编》（上），中央文献出版社2014年版，第13—14页。
[3] 习近平：《在庆祝改革开放四十周年大会上的讲话》，人民出版社2021年版，第19页。
[4] 《十八大以来重要文献选编》（上），中央文献出版社2014年版，第512页。
[5] 《中国共产党第十九次全国代表大会文件汇编》，人民出版社2017年版，第17页。
[6] 《十八大以来重要文献选编》（上），中央文献出版社2014年版，第15页。

进文化、和谐社会、生态文明，让一切劳动、知识、技术、管理、资本的活力竞相迸发，让一切创造社会财富的源泉充分涌流，让发展成果更多更公平惠及全体人民"[1]。"从以经济体制改革为主到全面深化经济、政治、文化、社会、生态文明体制和党的建设制度改革，党和国家机构改革、行政管理体制改革、依法治国体制改革、司法体制改革、外事体制改革、社会治理体制改革、生态环境督察体制改革、国家安全体制改革、国防和军队改革、党的领导和党的建设制度改革、纪检监察制度改革等一系列重大改革扎实推进"[2]。全面依法治国是坚持和发展中国特色社会主义的本质要求和重要保障。"全面建成小康社会、实现中华民族伟大复兴的中国梦，全面深化改革、完善和发展中国特色社会主义制度，提高党的执政能力和执政水平，必须全面推进依法治国"[3]。当前，我们党和国家事业发展面临着许多前所未有的矛盾、风险和挑战，依法治国在党和国家工作全局中的地位更加突出、作用更加重大。"实现经济发展、政治清明、文化昌盛、社会公正、生态良好，实现我国和平发展的战略目标，必须更好发挥法治的引领和规范作用"[4]。全面推进依法治国是关系我们党执政兴国、关系人民幸福安康、关系党和国家长治久安的重大战略问题。全面推进依法治国，总目标是建设中国特色社会主义法治体系，建设社会主义法治国家。[5] 在中国共产党领导下，坚持依法治国、依法执政、依法行政共同推进，坚持法治国家、法治政府、法治社会一体建设。全面从严治党是根本保证。习近平总书记指出："中国特色社会主义最本质的特征是中国共产党领导，中国特色社会主义制度的最大优势是中国共产党

---

[1] 《十八大以来重要文献选编》(上)，中央文献出版社 2014 年版，第 512 页。
[2] 习近平:《在庆祝改革开放四十周年大会上的讲话》，人民出版社 2021 年版，第 9 页。
[3] 《十八大以来重要文献选编》(中)，中央文献出版社 2016 年版，第 155 页。
[4] 同上书，第 156 页。
[5] 同上书，第 157 页。

领导。"[1] 坚持党的领导是全面建成小康社会、全面建设社会主义现代化国家的根本保证。党的十八届六中全会专题研究全面从严治党重大问题，审议通过《关于新形势下党内政治生活的若干准则》和《中国共产党党内监督条例》，对于推进党的建设新的伟大工程，更好进行具有许多新的历史特点的伟大斗争、推进中国特色社会主义伟大事业作出了战略安排。改革开放以来的实践启示我们："打铁必须自身硬。办好中国的事情，关键在党，关键在坚持党要管党、全面从严治党"，我们党"不断自我净化、自我完善、自我革新、自我提高，不断增强党的政治领导力、思想引领力、群众组织力、社会号召力，才能确保党始终保持同人民群众的血肉联系"[2]，党的执政基础和群众基础才能得到巩固，党才能在实现社会主义现代化和中华民族伟大复兴进程中充分发挥领导核心作用。

2. "四个全面"战略布局论的形成

"四个全面"战略布局是我们党站在新的历史起点上把握我国发展新特征确定的治国理政新方略，是新时代坚持和发展中国特色社会主义的战略抉择。党的十八届三中、四中、五中、六中全会，党的十九大，十九届三中、四中、五中全会相继就全面深化改革、全面依法治国、全面建成小康社会、全面从严治党等进行了重大部署，完成了"四个全面"战略布局的顶层设计。"协调推进'四个全面'战略布局，是党的十八大以来党中央从实现'两个一百年'奋斗目标、实现中华民族伟大复兴的中国梦的战略高度，统筹国内国际两个大局，把握我国发展新特征确定的治国理政新方略，是新的时代条件下推进改革开放和社会主义现代化建设、坚持和发展中国特色社会主义的战略抉择。"[3]

[1]《中国共产党第十九次全国代表大会文件汇编》，人民出版社 2017 年版，第 16 页。
[2] 习近平：《在庆祝改革开放四十周年大会上的讲话》，人民出版社 2021 年版，第 32 页。
[3] 习近平：《关于〈关于新形势下党内政治生活的若干准则〉和〈中国共产党党内监督条例〉的说明》，《人民日报》2016 年 11 月 3 日。

2012 年 11 月，党的十八大提出全面建成小康社会；2013 年 11 月，党的十八届三中全会提出全面深化改革；2014 年 10 月，党的十八届四中全会提出全面推进依法治国；2014 年 10 月，习近平总书记在党的群众路线教育实践活动总结大会上提出全面推进从严治党；2014 年 11 月，习近平总书记到福建考察调研时提出了"协调推进全面建成小康社会、全面深化改革、全面推进依法治国进程"的"三个全面"[1]；2014 年 12 月，习近平总书记在江苏调研时将"三个全面"上升到了"四个全面"，即"协调推进全面建成小康社会、全面深化改革、全面依法治国、全面从严治党，推动改革开放和社会主义现代化建设迈上新台阶"[2]。

"四个全面"战略布局的提出是对中国特色社会主义实践的深化和拓展，是在引领新常态基础上形成的中国化的马克思主义理论。"四个全面"战略布局的提出，历经从"小康之家"到全面建成小康社会，从改革开放到全面深化改革，从民主法制到全面依法治国，从"两个先锋队""三个代表"到全面从严治党。每一个"全面"内部的发展也都具有过程性，"四个全面"的协同发展体现逻辑性和整体性。全面建成小康社会是全面深化改革、全面依法治国和全面从严治党的战略目标，全面深化改革、全面依法治国和全面从严治党是全面建成小康社会的战略措施。其中，全面深化改革是动力，全面依法治国是保障，全面从严治党是关键。同样，全面建成小康社会的战略目标实现后，下一个战略目标就是全面建设社会主义现代化国家，其分两步走，一是到 2035 年基本建成社会主义现代化国家，二是到 21 世纪中叶全面建成社会主义现代化强国。

"四个全面"战略布局既有战略目标又有战略举措，每个"全面"相互之间

---

[1] 习近平：《论坚持全面深化改革》，中央文献出版社 2018 年版，第 147 页。
[2]《习近平关于协调推进"四个全面"战略布局论述摘编》，中央文献出版社 2015 年版，第 12 页。

具有紧密的内在逻辑，是一个整体战略部署的有机统一。无论是此前的全面建成小康社会还是党的十九届五中全会之后的全面建设社会主义现代化国家，都是战略目标，在"四个全面"中居于引领地位；全面深化改革、全面依法治国、全面从严治党是三大战略举措，为如期实现战略目标提供根本保障。三大战略举措对已经实现的全面建成小康社会和正在努力的全面建设社会现代化国家的战略目标一个都不能缺。不全面深化改革，发展就缺少动力，社会就没有活力；不全面依法治国，国家生活和社会生活就不能有序运行，就难以实现社会和谐稳定；不全面从严治党，党就做不到"打铁必须自身硬"[1]，就难以发挥好领导核心作用。"四个全面"之间是有机联系的整体，其服务于"五位一体"总体布局，"两个大局"又是一个具有内在理论和实践逻辑关系的统一体，它们之间相辅相成、相互支撑、形成合力。

二、"两大布局"科学体系的系统性及其立论依据

（一）"两大布局"科学体系的系统性

"五位一体"和"四个全面"分别是中国特色社会主义事业总体布局和战略布局。党的十八大以来，我们党形成并统筹推进经济建设、政治建设、文化建设、社会建设、生态文明建设"五位一体"总体布局，形成并协调推进由全面建成小康社会到全面建设社会主义现代化国家、全面深化改革、全面依法治国、全面从严治党"四个全面"战略布局。这既是从全局上确立了习近平新时代中国特色社会主义思想的方法论，又是新时代坚持和发展中国特色社会主义的战略规划和部署，是新发展理论，对马克思主义发展观进行了重大创新。"五位一

---

[1]《习近平新时代中国特色社会主义思想学习纲要》，学习出版社、人民出版社 2019 年版，第 30 页。

体"正是对"实现什么样的发展，怎样发展"的科学回答，是推进中国特色社会主义事业的总体布局。"四个全面"是对"五位一体"总体布局的落实，是为实现社会主义现代化和中华民族的伟大复兴提出的战略布局。

"五位一体"总体布局，依据的是我国现在仍处于并将长期处于社会主义初级阶段这个实际。"五位一体"总体布局将贯穿于这一阶段。"四个全面"战略布局，依据的是我国当前经济发展进入新常态。而这一新常态反映的是我国当前经济发展的阶段性特征。习近平总书记指出，"'十三五'时期，我国经济发展的显著特征就是进入新常态"，因而"要把适应新常态、把握新常态、引领新常态作为贯穿发展全局和全过程的大逻辑"[1]。"十三五"时期是我国全面建成小康社会的决胜阶段，到 2020 年，全面建成小康社会的战略目标必将如期实现。全面建成小康社会的战略目标实现后，按照党的十九大确定了"两步走"，战略布局中的目标就变成了全面建成社会主义现代化国家，而作为战略措施的全面深化改革、全面依法治国、全面从严治党仍旧不变。

"五位一体"总体布局的提出是对中国特色社会主义的发展理论创新。"五位一体"总体布局思想是一种辩证的思想，五大建设之间具有普遍联系。在"五位一体"总体布局中，经济建设是根本，政治建设是保障，文化建设是灵魂，社会建设是条件，生态文明建设是基础。从党的十八大报告中的"以经济建设为中心是兴国之要，发展仍是解决我国所有问题的关键"，党的十八届三中全会的"以经济建设为中心，发挥经济体制改革牵引作用"，到党的十八届五中全会的"必须坚持以经济建设为中心，从实际出发，把握发展新特征，加大结构性改革力度，加快转变经济发展方式"，党的十八届六中全会中的"全党必须毫不动摇坚持以经济建设为中心，聚精会神抓好发展这个党执政兴国的第一要

---

[1] 习近平：《在省部级主要领导干部学习贯彻党的十八届五中全会精神专题研讨班上的讲话》，人民出版社 2016 年版，第 2—3 页。

务",党的十九大报告中的"以经济建设为中心,坚持四项基本原则,坚持改革开放",再到2021年中央经济工作会议中的"坚持以经济建设为中心是党的基本路线的要求"[1]。经济建设是中心,是为了解决经济社会发展的主要矛盾;其他四大建设围绕经济建设展开,是为了解决我国经济社会发展的次要矛盾;经济建设居于主导地位,与其他四大建设是并列关系。"五位一体"统一于中国特色社会主义建设事业,是对实现总任务的五大举措的统称。"五位一体"各方面相互联系、相互促进、不可分割,共同构筑起中国特色社会主义事业的全局。

"四个全面"由战略目标和战略举措构成。在"四个全面"战略布局中,全面建成小康社会是第一个战略目标,随着该目标在建党百年时完成,就进入了第二个战略目标,即全面建设社会主义现代化国家,其他三个全面是战略举措,三个战略举措之间也是并列关系,三个战略举措服务于一个战略目标。"五位一体"总布局对应的目标是实现社会主义现代化和中华民族伟大复兴,这是一个长期目标。为实现这个长远目标,在不同阶段设定相对应的战略目标,"四个全面"战略布局对应的目标就是这样的阶段目标。"两个布局"的最终目标都是实现中华民族伟大复兴的"中国梦"。在实现第一个百年目标——全面建成小康社会,以及第二个百年目标——全面建设社会主义现代化国家——的过程中,都是要同时进行经济建设、政治建设、文化建设、社会建设、生态文明建设,在这五大建设的过程中,必须要全面深化改革、全面依法治国、全面从严治党。显然,"五位一体"和"四个全面"是相互联系、逻辑一致的统一体。

从时间节点看,"五位一体"总体布局的提出先于"四个全面"战略布局;从所含内容来看,"五位一体"总体布局的各部分是横向关联,而"四个全面"战略布局的内容是纵向关联;从侧重点看,"五位一体"总体布局注重总体,而

---

[1]《中央经济工作会议在北京举行》,《人民日报》2021年12月11日。

"四个全面"战略布局注重战略。"五位一体"总体布局和"四个全面"战略布局都坚持问题导向，相互依赖，相得益彰，统一于中国特色社会主义伟大事业。"五位一体"总布局和"四个全面"战略布局实质上是全面与重点的有机统一。

（二）"两大布局"科学体系的立论依据

1. 立论依据之一：我国社会主要矛盾的转变

社会主要矛盾就是在社会矛盾运动中居于主导地位的矛盾，是各种社会矛盾的主要根源和集中反映。带动全局工作就需要抓住主要矛盾，这不仅符合唯物辩证法的要求，也是"五位一体"总体布局和"四个全面"战略布局的立论依据之一。党的十九大报告指出："中国特色社会主义进入新时代，我国社会主要矛盾已经转化为人民日益增长的美好生活需要和不平衡不充分的发展之间的矛盾。"[1] 这一重大政治论断，发展了马克思主义关于社会矛盾的学说，反映了我国社会发展的客观实际，指明了"两大布局"发展理论的根本着力点。

改革开放以后，我们党在对历史经验和我国国情作出科学分析的基础上，提出我国社会的主要矛盾是"人民日益增长的物质文化需要同落后的社会生产之间的矛盾"[2]，指导我们党制定和坚持正确路线方针政策，中国特色社会主义事业取得了举世瞩目的伟大成就。从总体上实现小康到全面建成小康社会，人民美好生活需要日益广泛且提出了更高的品质要求，在民主、法治、公平、正义、安全、生态等方面的要求日益增长，此时更加突出的问题是发展不平衡不充分。据此，党的十九大将新时代我国社会主要矛盾界定为"人民日益增长的美好生活需要和不平衡不充分的发展之间的矛盾"。发展不平衡不充分问题，已经成为满足人民日益增长的美好生活需要的主要制约因素。这需要更加全面的

---

[1]《中国共产党第十九次全国代表大会文件汇编》，人民出版社 2017 年版，第 9 页。

[2]《关于建国以来党的若干历史问题的决议》（1981 年 6 月 27 日），载《改革开放三十年重要文献选编》（上），中共文献出版社 2008 年版，第 212 页。

发展，更好满足人民在经济、政治、文化、社会、生态等方面日益增长的需要，推动人的全面发展、社会全面进步，其指导思想就是"两大布局"理论。新时代我国社会主要矛盾的变化，没有改变对我国社会主义所处历史阶段的判断，我国仍处于并将长期处于社会主义初级阶段的基本国情没有变，我国是世界最大发展中国家的国际地位没有变。[1] 发展仍是解决所有问题的关键。

2. 立论依据之二：以人民为中心的发展思想

以人民为中心的发展思想是马克思主义人民观的坚持和发展。"人民是历史的创造者，是决定党和国家前途命运的根本力量"[2]。坚持立党为公、执政为民，发展为了人民，发展依靠人民，发展成果由人民共享，实现人民利益最大化，促进人的全面发展。从"五位一体"总体布局的主体来看，广大人民群众既是经济、政治、文化、社会和生态文明建设的主体力量，又是五大建设的受益者，经济、政治、文化、社会和生态文明建设的目的就是为了满足人民的美好生活需要。从"五位一体"形成过程来看，社会发展和人的发展互为基础、有机统一。"两个文明"论强调的就是物质文明建设和精神文明建设的有机统一，"三位一体"是"两个文明"论基础上加上民主法治建设，"三位一体"布局加上和谐社会建设就构成了"四位一体"布局，"四位一体"加上生态文明建设就形成了"五位一体"总体布局。经济建设旨在满足人民日益增长的物质文化需求，政治建设旨在保障人民群众的政治利益，文化建设旨在丰富人民群众的精神生活，社会建设旨在创造和谐的社会环境，生态文明建设旨在建设人人共享的美丽中国。

"四个全面"战略布局也是有立场的，这就是中国共产党人始终坚持的人民立场。例如，全面建成小康社会是实现全体人民的小康。党的十九大主题就

---

[1]《中国共产党第十九次全国代表大会文件汇编》，人民出版社 2017 年版，第 10 页。
[2] 同上书，第 17 页。

是决胜全面建成小康社会,"使全面建成小康社会得到人民认可、经得起历史检验","让贫困人口和贫困地区同全国一道进入全面小康社会"[1],确保到2020年我国现行标准下农村贫困人口实现脱贫,贫困县全部摘帽,解决区域性整体贫困。当全面建成小康社会的战略目标实现后,全面建设社会主义现代化国家就成为了"四个全面"中的战略目标。党的十九届五中全会为此提出,"到二〇三五年基本实现社会主义现代化,到本世纪中叶把我国建成富强民主文明和谐美丽的社会主义现代化强国"[2]。"我们推进改革的根本目的,是要让国家变得更加富强、让社会变得更加公平正义、让人民生活得更加美好。"[3]党的十九大明确了全面深化改革总目标是完善和发展中国特色社会主义制度、推进国家治理体系和治理能力现代化;明确了全面推进依法治国总目标是建设中国特色社会主义法治体系、建设社会主义法治国家;强调了"勇于自我革命,从严管党治党,是我们党最鲜明的品格"[4]。无论是全面深化改革、全面依法治国,还是全面从严治党,都是把促进社会公平正义、增进人民福祉作为出发点和落脚点,做到老百姓关心什么、期盼什么,改革就要抓住什么、推进什么。

3. 立论依据之三:我国进入了高质量发展的新阶段

正确认识党和人民事业所处的历史方位和发展阶段,是我们党明确阶段性中心任务、制定路线方针政策的根本依据,也是我们党领导革命、建设、改革不断取得胜利的重要经验。党的十八大提出了"为全面建成小康社会而奋斗"的任务,党的十九大开始"决胜全面建成小康社会",从十九大到二十大,"我

---

[1]《中国共产党第十九次全国代表大会文件汇编》,人民出版社 2017 年版,第 38 页。

[2]《中共中央关于制定国民经济和社会发展第十四个五年规划和二〇三五年远景目标的建议》,人民出版社 2020 年版,第 4—5 页。

[3]《习近平主席新年贺词(2014—2018)》,人民出版社 2018 年版,第 19 页。

[4]《中国共产党第十九次全国代表大会文件汇编》,人民出版社 2017 年版,第 21 页。

们既要全面建成小康社会、实现第一个百年奋斗目标，又要乘势而上开启全面建设社会主义现代化国家新征程，向第二个百年奋斗目标进军"，[1] 作出了"我国经济已由高速增长阶段转向高质量发展阶段"的判断。党的十九届五中全会进一步作出了"我国已转向高质量发展阶段"、"以推动高质量发展为主题"的科学判断，针对新发展阶段深刻回答了中国处在什么发展阶段、实现什么样的发展、怎样发展等重大理论与实践问题，对把握新发展阶段、贯彻新发展理念、构建新发展格局作了系统部署。从经济转入高质量发展阶段到整个发展转向高质量发展阶段，更加注重发展的全面性和系统性。新发展阶段就是，全面建成小康社会之后，开启了全面建设社会主义现代化国家新征程，同时也是高质量发展进入新的阶段。进入新发展阶段明确了中国发展的历史方位，贯彻新发展理念明确了中国式现代化新道路的指导原则，构建新发展格局明确了中国式现代化新道路的路径选择。从现代化进程看，新发展阶段是全面建设社会主义现代化国家的发展阶段；从经济高质量发展看，这个阶段的重要特征是由速度型增长转向高质量发展，集中解决发展中的不平衡不充分问题；从国家治理体系与治理能力看，新发展阶段是推进实现国家治理体系和治理能力现代化的阶段。从发展理念来看，新发展阶段必须完整、准确、全面贯彻创新、协调、绿色、开放、共享的新发展理念。[2] 为解决发展动力问题，将创新作为引领发展的第一动力；为了解决发展不平衡问题，将协调作为持续健康发展的内在要求；为了实现人与自然和谐共生的现代化，将绿色发展作为永续发展的必要条件和人民对美好生活追求的重要体现；为了解决内外联动问题，践行开放是国家繁荣发展的必由之路的发展理念；为了实现共同富裕的现代化，将共享理念作为解决社会公平正义问题的本质要求。

---

[1]《中国共产党第十九次全国代表大会文件汇编》，人民出版社 2017 年版，第 22 页。
[2] 韩文秀：《完整准确全面理解和贯彻新发展理念》，《人民日报》2021 年 3 月 22 日。

4. 立论依据之四：中国特色社会主义事业的战略性与系统性

制定战略规划，确定战略部署，是中国共产党一以贯之的领导方法，是党领导和推进社会主义现代化建设的一条基本经验，也是中国特色政党制度的独特优势。党的十九大指出："从全面建成小康社会到基本实现现代化，再到全面建成社会主义现代化强国，是新时代中国特色社会主义发展的战略安排。"[1] 这个全面建成小康社会基础上的新时代"两步走"战略安排，完整擘画了"两个一百年"之间我国社会主义现代化建设的时间表和路线图。习近平总书记指出："战略问题是一个政党、一个国家的根本性问题。战略上判断得准确，战略上谋划得科学，战略上赢得主动，党和人民事业就大有希望。"[2] 实现中华民族伟大复兴的"中国梦"，这是中国特色社会主义事业总体布局和战略布局的最终目标，在不同的建设时期，要保持战略定力，在新时代按照党的十九大及十九届五中全会确立的实现第二个百年奋斗目标作出分两个阶段推进的战略安排，坚持系统观念，加强全局性谋划、战略性布局、整体性推进。

无论是"五位一体"总体布局还是"四个全面"战略布局，两者都是立足于中国实际、总结中国经验、针对中国问题，坚持、丰富和发展中国特色社会主义的理论和实践，为开创中国特色社会主义事业新局面，为实现"两个一百年"的奋斗目标提供战略支撑。"五位一体"是中国特色社会主义事业的"总布局"，它与社会主义初级阶段的"总依据"及实现社会主义现代化和中华民族伟大复兴的"总任务"具有逻辑上的并列关系。党的十八大报告指出："在全面建设小康社会进程中推进实践创新、理论创新、制度创新，强调坚持以人为本、全面协调可持续发展，提出构建社会主义和谐社会、加快生态文明建设，

[1]《中国共产党第十九次全国代表大会文件汇编》，人民出版社 2017 年版，第 23 页。
[2]《习近平谈治国理政》第 2 卷，外文出版社 2017 年版，第 10 页。

形成中国特色社会主义事业总体布局"[1]。五大建设的提出具有历史过程性、问题导向性和事物发展逻辑性。例如，从"四位一体"发展到"五位一体"，习近平总书记在主持中央政治局第一次集体学习时特别诠释了其逻辑意义："党的十八大把生态文明建设纳入中国特色社会主义事业总体布局，使生态文明建设的战略地位更加明确，有利于把生态文明建设融入经济建设、政治建设、文化建设、社会建设各方面和全过程。这是我们党对社会主义建设规律在实践和认识上不断深化的重要成果。"[2] 在庆祝中国共产党成立100周年大会上的讲话中，习近平总书记进一步将"五位一体"中的"五大建设"上升到"五大文明"，他指出："我们坚持和发展中国特色社会主义，推动物质文明、政治文明、精神文明、社会文明、生态文明协调发展，创造了中国式现代化新道路，创造了人类文明新形态。"[3]

"四个全面"是我们党从坚持和发展中国特色社会主义全局出发，聚焦"两个百年"奋斗目标，第一次对新常态下治国理政作出的新战略思考和战略部署，第一个阶段的战略目标就是全面建成小康社会，第二个阶段的战略目标是全面建设社会主义现代化国家。"党的十八大以来，党中央从坚持和发展中国特色社会主义全局出发，提出并形成了全面建成小康社会、全面深化改革、全面依法治国、全面从严治党的战略布局，确立了新形势下党和国家各项工作的战略目标和战略举措，为实现'两个一百年'奋斗目标、实现中华民族伟大复兴的中国梦揢供了理论指导和实践指南。"[4]"四个全面"的核心要旨在"全面"，无论

---

[1]《十八大以来重要文献选编》(上)，中央文献出版社2014年版，第9页。

[2]《习近平总书记重要讲话文章选编》，中央文献出版社2016年版，第11—12页。

[3] 习近平：《在庆祝中国共产党成立100周年大会上的讲话》，人民出版社2021年版，第14页。

[4] 习近平：《在庆祝"五一"国际劳动节暨表彰全国劳动模范和先进工作者大会上的讲话》，人民出版社2015年版，第3页。

是"中国特色社会主义全局",还是发展、改革与稳定都必须坚持系统性、整体性和协同性,其功能定位是推进中国特色社会主义伟大事业及实现中国梦的行动指南。"四个全面"是在对执政党所处历史方位、现实状况和历史使命准确判断的基础上做出的重大战略决断。"四个全面"之所以是战略布局,那是因为"我们党担负着团结带领人民全面建成小康社会、推进社会主义现代化、实现中华民族伟大复兴的重任"。全面建成小康社会在建党百年时实现,推进社会主义现代化即基本实现社会主义现代化要在 2035 年实现,实现中华民族伟大复兴即全面建成社会主义现代化强国要在 2049 年新中国成立 100 周年时实现。

"五位一体"目标是"一体",重点在"一体";"四个全面"着眼于"全面",核心是"全面"。社会主义社会是全面发展、全面进步的社会。中国特色社会主义事业"五位一体"总体布局的行动纲领,其实质就是社会全面发展问题。"两大布局"无疑需要"五大建设"都要朝着落实以人为本的方向协调"一体"推进,而不能相互矛盾。"我们要牢牢抓好党执政兴国的第一要务,始终代表中国先进生产力的发展要求,坚持以经济建设为中心,在经济不断发展的基础上,协调推进政治建设、文化建设、社会建设、生态文明建设以及其他各方面建设。"[1] 这充分体现了事物的普遍联系与辩证发展原理,"必须更加注重改革的系统性、整体性、协同性,加快发展社会主义市场经济、民主政治、先进文化、和谐社会、生态文明"[2],统筹推进重要领域和关键环节改革,对经济体制、政治体制、文化体制、社会体制、生态体制作出统筹设计。

---

[1]《习近平总书记重要讲话文章选编》,中央文献出版社 2016 年版,第 11 页。
[2]《十八大以来重要文献选编》(上),中央文献出版社 2014 年版,第 512 页。

第二章

"两大布局"的战略理论

一、中国式现代化进程的战略安排

"现代化的中国",是百余年来孜孜以求的奋斗目标。新中国成立实现了民族独立和人民解放,标志着社会主义现代化建设开始成为中国共产党战略谋划的首要任务。毛泽东同志深刻总结国际共产主义运动中的教训和我国建设社会主义的初步经验,提出正确处理"十大关系",调动一切积极因素建设社会主义国家的战略方针。"建设社会主义现代化强国,实现中华民族伟大复兴,是中华民族的最高利益和根本利益。"[1]

(一)"四个现代化"目标的提出

早在新民主主义革命时期,毛泽东同志在党的七大就明确指出:"中国工人阶级的任务,不但是为着建立新民主主义的国家而斗争,而且是为着中国的工业化和农业近代化而斗争。"[2] 在党的七届二中全会上,毛泽东同志进一步提出由农业国变成工业国的战略目标。1954年9月,周恩来同志在第一届全国人民代表大会第一次会议上作的《政府工作报告》指出:"如果我们不建设起强大的现代化的工业、现代化的农业、现代化的交通运输业和现代化的国防,我们

---

[1]《习近平新时代中国特色社会主义思想学习纲要》,学习出版社、人民出版社2019年版,第58页。

[2]《毛泽东选集》第3卷,人民出版社1991年版,第1081页。

就不能摆脱落后和贫困，我们的革命就不能达到目的"[1]。这是党首次提出"四个现代化"目标。1959年底到1960年初，毛泽东同志在《读苏联〈政治经济学教科书〉的谈话》中第一次对"四个现代化"作出完整表述："建设社会主义，原来要求是工业现代化，农业现代化，科学文化现代化，现在要加上国防现代化。"[2]

（二）"两步走"的战略思考

社会主义制度基本建立后，党中央开始谋划考虑建设社会主义的战略步骤问题。1964年12月召开的第三届全国人大一次会议上，周恩来同志在《政府工作报告》中对"两步走"战略作了完整准确的表述："第一步，建立一个独立的比较完整的工业体系和国民经济体系；第二步，全面实现农业、工业、国防和科学技术的现代化，使我国经济走在世界的前列。"[3] 1975年，周恩来同志在第四届全国人民代表大会第一次会议上重申了分"两步走"、全面实现"四个现代化"的战略安排。

"四个现代化"战略目标和"两步走"战略考虑，是新中国成立后中国共产党对社会主义现代化建设道路的最初探索，也标志着中国共产党对现代化的认识实现了从"工业化"向"现代化"的转变。围绕"两步走"战略思考的艰苦探索，对改革开放后党逐步提出完整的"三步走"现代化建设目标奠定了思想准备和实践基础。

（三）"三步走"的战略步骤

"三步走"的战略设想是逐步形成的。首先是党的十一届三中全会之后适时调整"四个现代化"战略目标和"两步走"战略设想。1979年12月，邓小平

---

[1]《建国以来重要文献选编》第5册，中央文献出版社2011年版，第503页。
[2]《毛泽东文集》第8卷，人民出版社1993年版，第116页。
[3]《周恩来选集》（下），人民出版社1984年版，第439页。

在与日本首相大平正芳会晤时，提出"中国式的四个现代化"，即"小康之家"，这是"我们提出四个现代化的最低目标"，即到 20 世纪末，争取国民生产总值达到人均 1000 美元。[1] 1987 年 3 月，邓小平在会见外宾时说："我们确定了两个阶段的目标，就是本世纪末达到小康水平，然后在下个世纪用三十到五十年的时间达到中等发达国家的水平"[2]。党的十三大明确概括了邓小平同志的"三步走"战略思想：第一步，从 1981 年到 1990 年，国民生产总值比 1980 年翻一番，基本解决温饱问题；第二步，从 1991 年到 20 世纪末，国民生产总值再翻一番，基本消除贫困现象，人民生活达到小康水平；第三步，到 21 世纪中叶，人均国民生产总值达到中等发达国家水平，人民生活比较富裕，基本实现现代化。[3]

(四)新"三步走"的战略目标

1997 年 9 月党的十五大提出了新的"三步走"战略，"展望下世纪，我们的目标是，第一个十年实现国民生产总值比 2000 年翻一番，使人民的小康生活更加宽裕，形成比较完善的社会主义市场经济体制；再经过十年的努力，到建党一百年时，使国民经济更加发展，各项制度更加完善；到世纪中叶建国一百年时，基本实现现代化，建成富强民主文明的社会主义国家。"[4] 这是对党的十三大"三步走"战略"第三步"的具体化，也是对 21 世纪上半叶我国发展作出的新"三步走"战略安排，而且第一次提出"两个一百年"奋斗目标。[5] 2002 年 11 月，党的十六大再次强调了新"三步走"，并将第一个百年奋斗目标明确

---

[1]《邓小平文选》第 3 卷，人民出版社 1993 年版，第 64 页。
[2] 同上书，第 210 页。
[3]《习近平新时代中国特色社会主义思想基本问题》，人民出版社、中共中央党校出版社 2020 年版，第 151—152 页。
[4]《十五大以来重要文献选编》(上)，中央文献出版社 2000 年版，第 4 页。
[5]《习近平新时代中国特色社会主义思想基本问题》，人民出版社、中共中央党校出版社 2020 年版，第 152 页。

界定为："全面建设惠及十几亿人口的更高水平的小康社会，使经济更加发展、民主更加健全、科教更加进步、文化更加繁荣、社会更加和谐、人民生活更加殷实。"[1] 2007 年 10 月，党的十七大将第一个百年奋斗目标调整为全面建成小康社会。

"全面建成小康社会"是一个承上启下的关键发展目标。依据党的十八大报告中的表述，"两个一百年"奋斗目标就是："在中国共产党成立一百年时全面建成小康社会，在新中国成立一百年时建成富强民主文明和谐的社会主义现代化国家。""全面建成小康社会"目标上承改革开放早期的"三步走"发展战略，下启第二个百年奋斗目标和中国梦远大目标。"全面建成小康社会"目标的形成经历了一个较长的过程。党的十六大和十七大设定的目标都是"全面建设小康社会"。党的十八大才将这个目标明确为"全面建成小康社会"，而且确定了时间表：到中国共产党成立一百年时"建成"。

（五）"两个阶段"的战略安排

党的十九大作出"两个阶段"的战略安排：第一个阶段，从 2020 年到 2035 年，在全面建成小康社会的基础上，再奋斗 15 年，基本实现社会主义现代化。第二个阶段，从 2035 年到本世纪中叶，在基本实现现代化的基础上，再奋斗 15 年，把我国建成富强民主文明和谐美丽的社会主义现代化强国。[2] 党的十九大强调，从全面建成小康社会到基本实现现代化，再到全面建成社会主义现代化强国，是新时代中国特色社会主义发展的战略安排。从党的十九大到二十大的五年，是"两个一百年"奋斗目标的历史交汇期，既要全面建成小康社会、实现第一个百年奋斗目标，又要乘势而上开启全面建设社会主义现代化

---

［1］《十六大以来重要文献选编》（上），中央文献出版社 2005 年版，第 317 页。
［2］《中国共产党第十九次全国代表大会文件汇编》，人民出版社 2017 年版，第 23 页。

国家新征程。[1] 新时代"两步走"战略安排，把基本实现现代化的时间提前了十五年，提出了全面建成社会主义现代化强国这一更高目标，丰富了"两个一百年"奋斗目标的内涵，发出了实现中华民族伟大复兴中国梦的最强音。

党的十九大对"两个阶段"的目标都作出了战略规划：在第一个阶段，到2035 年，基本实现社会主义现代化。例如，跻身创新型国家前列；法治国家、法治政府、法治社会基本建成；国家治理体系和治理能力现代化基本实现；中等收入群体比例明显提高，基本公共服务均等化基本实现，全体人民共同富裕迈出坚实步伐；现代社会治理格局基本形成；美丽中国目标基本实现。在第二个阶段，到本世纪中叶，把我国建成富强民主文明和谐美丽的社会主义现代化强国。"到那时，我国物质文明、政治文明、精神文明、社会文明、生态文明将全面提升，实现国家治理体系和治理能力现代化，成为综合国力和国际影响力领先的国家，全体人民共同富裕基本实现，我国人民将享有更加幸福安康的生活，中华民族将以更加昂扬的姿态屹立于世界民族之林。"[2]

党的十九大对"基本实现社会主义现代化"和"全面建成社会主义现代化强国"作了宏观展望和总体部署，具有鲜明的全面性、人民性、实践性、时代性特征。中国式现代化的新道路是富强民主文明和谐美丽的全面现代化，是经济建设、政治建设、文化建设、社会建设、生态文明建设共同推进的现代化，全面性特征是中国社会主义现代化战略的鲜明标志。

"富强"是人类社会的共同追求，是社会主义中国的核心价值。"富强"是民富与国强的协调统一。新时代我国社会主要矛盾是人民日益增长的美好生活需要和不平衡不充分的发展之间的矛盾，我国经济已由高速增长阶段转向高质量发展阶段，正处在转变发展方式、优化经济结构、转换增长动力的攻关期。

---

[1]《中国共产党第十九次全国代表大会文件汇编》，人民出版社 2017 年版，第 22 页。
[2] 同上书，第 23 页。

要贯彻新发展理念，坚定不移把发展作为党执政兴国的第一要务，坚持解放和发展社会生产力，加快实现经济现代化。党的十九届五中全会提出了到2035年基本实现社会主义现代化的远景目标，在富强方面包括，进入创新型国家前列，基本实现新型工业化、信息化、城镇化、农业现代化，人均国内生产总值达到中等发达国家水平。

"民主"是人民当家作主，这是社会主义民主政治的本质和核心。国家治理体系和治理能力是一个国家政治文明的集中体现。坚持党的全面领导、人民当家作主、依法治国有机统一是社会主义政治文明的必然要求。到2035年，"基本实现国家治理体系和治理能力现代化，人民平等参与、平等发展权利得到充分保障，基本建成法治国家、法治政府、法治社会"[1]；到新中国成立100年时，全面实现国家治理体系和治理能力现代化，使中国特色社会主义制度更加巩固、优越性充分展现。[2]

"文明"展现出的是综合文化实力，包括思想觉悟、价值观念、道德素养、社会秩序、生产生活方式、科学文化程度等多个方面，是一个社会进步状态的显著标志。"文明特别是思想文化是一个国家、一个民族的灵魂。"[3]没有文明的继承和发展，没有文化的弘扬和繁荣，就没有中国梦的实现。[4]实现共同富裕和社会公平正义是社会文明的重要标志，是建设社会主义现代化强国的必然要求。到2035年，"建成文化强国、教育强国、人才强国、体育强国、健康中国，国民素质和社会文明程度达到新高度，国家文化软实力显著增强"；"人民生活

---

[1]《中共中央关于制定国民经济和社会发展第十四个五年规划和二〇三五年远景目标的建议》，人民出版社2020年版，第5页。

[2]《中共中央关于坚持和完善中国特色社会主义制度推进国家治理体系和治理能力现代化若干重大问题的决定》，人民出版社2019年版，第5—6页。

[3]《习近平关于社会主义文化建设论述摘编》，中央文献出版社2017年版，第16页。

[4]《习近平在联合国教科文组织总部发表演讲》，《人民日报》2014年3月28日。

·

更加美好，人的全面发展、全体人民共同富裕取得更为明显的实质性进展"[1]。

"和谐"的目标是实现社会文明，建设美好社会。社会主义和谐社会最根本的特征就是民主法治、公平正义、诚信友爱、充满活力、安定有序。[2] 促进社会公平正义，形成有效的社会治理、良好的社会秩序，使人民获得感、幸福感、安全感更加充实、更有保障、更可持续。到 2035 年，"中等收入群体显著扩大，基本公共服务实现均等化，城乡区域发展差距和居民生活水平差距显著缩小；平安中国建设达到更高水平"[3]。

"美丽"的目标就是实现生态文明，建设美丽中国。社会主义现代化是人与自然和谐共生的现代化。现代化的生态文明建设，以资源环境承载能力为基础，以自然规律为准则，以可持续发展、人与自然和谐为目标，坚定走生产发展、生活富裕、生态良好的文明发展道路。[4] 到 2035 年，"广泛形成绿色生产生活方式，碳排放达峰后稳中有降，生态环境根本好转，美丽中国建设目标基本实现"[5]。

二、中国式现代化新道路的内涵

（一）中国式现代化的基本形态

"两大布局"的最终目的就是实现中华民族伟大复兴的"中国梦"，就是要实现国家富强、民族振兴、人民幸福。这也是坚持和发展中国特色社会主义的奋斗目标。"实现中华民族伟大复兴，就是中华民族近代以来最伟大的梦

---

[1][3][5]《中共中央关于制定国民经济和社会发展第十四个五年规划和二〇三五年远景目标的建议》，人民出版社 2020 年版，第 5 页。

[2][4]《习近平新时代中国特色社会主义思想基本问题》，人民出版社、中共中央党校出版社 2020 年版，第 155 页。

想。"[1]"中国共产党一经诞生，就把为中国人民谋幸福、为中华民族谋复兴确立为自己的初心使命。"[2]中国共产党领导中国人民取得的伟大胜利，"使具有500年历史的社会主义主张在世界上人口最多的国家成功开辟出具有高度现实性和可行性的正确道路，让科学社会主义在21世纪焕发出新的蓬勃生机；使具有60多年历史的新中国建设取得举世瞩目的成就，中国这个世界上最大的发展中国家在短短30多年里摆脱贫困并跃升为世界第二大经济体"[3]。作为世界上最大的发展中国家，"我们实现了第一个百年奋斗目标，在中华大地上全面建成了小康社会，历史性地解决了绝对贫困问题，正在意气风发向着全面建成社会主义现代化强国的第二个百年奋斗目标迈进"[4]，创造了人类社会历史上前所未有的发展奇迹。中华民族迎来了从站起来、富起来到强起来的伟大飞跃，实现中华民族伟大复兴进入了不可逆转的历史进程。

1983年6月，邓小平会见参加北京科学技术政策讨论会的外籍专家。在谈到中国建设道路时，他指出："我们搞的现代化，是中国式的现代化。我们建设的社会主义，是有中国特色的社会主义。我们现在的路子走对了。我们的政策是不会变的。"[5]这一重要论述意味着各个民族和国家迈向现代化的道路绝非一条，每个民族和国家都应该根据自己的情况探索具体而管用的现代化道路；"中国式现代化"道路就是中国共产党领导中国人民所开创的社会主义现代化道路，既始终坚持社会主义的发展方向，同时又根据自己的历史传统、历史方位和现实基础而赋予其鲜明的中国特色，因而其实质也就是中国特色社会主义道路。习近平总书记在庆祝中国共产党成立100周年大会上强调："我们坚持和发展中

---

[1] 习近平：《论中国共产党历史》，中央文献出版社2021年版，第2页。
[2] 习近平：《在庆祝中国共产党成立100周年大会上的讲话》，人民出版社2021年版，第5页。
[3] 习近平：《在庆祝中国共产党成立95周年大会上的讲话》，《人民日报》2016年7月2日。
[4] 习近平：《在庆祝中国共产党成立100周年大会上的讲话》，人民出版社2021年版，第2页。
[5]《邓小平文选》第3卷，人民出版社1993年版，第29页。

国特色社会主义，推动物质文明、政治文明、精神文明、社会文明、生态文明协调发展，创造了中国式现代化新道路，创造了人类文明新形态。"[1]

"现代化"通常是描述从传统社会向现代社会变迁的过程。而作为"现代化"与"道路"之合成的"现代化道路"概念，则用以描述推动传统社会向现代社会转型的方式或途径。由此引发的一个重大理论问题："现代化道路"到底是单一的还是多元的。由于西欧社会现代化进程的先行展开，这个问题往往被当作西欧的"现代化模式"是否具有普适性。西方的现代性理论通常认为，资本主义"现代化模式"是唯一的现代化模式，但马克思早在19世纪的《资本论》中就向我们揭示了，"资本主义生产是在矛盾中运动的，这些矛盾不断地被克服，但又不断地生产出来"。"世界上没有放之四海而皆准的发展模式"[2]，"一个国家实行什么样的主义，关键要看这个主义能否解决这个国家面临的历史性课题。"[3]"我们愿意借鉴人类一切文明成果，但不会照抄照搬任何国家的发展模式。"[4]中国近代以来的历史进程表明，只有社会主义能救中国，只有中国特色社会主义才能发展中国。从现代化道路的生成规律来看，虽然不同的民族和国家在谋求现代化的征程中存在着共性的一面，但由于各个民族和国家存在着诸多差异，从而在道路选择上也必定存在诸多差异。"中国式的现代化"道路即中国特色社会主义道路。"中国特色社会主义是适合中国国情、符合中国特点、顺应时代发展要求的理论和实践，所以才能取得成功，并将继续取得成功"[5]。"我

---

[1] 习近平：《在庆祝中国共产党成立100周年大会上的讲话》，人民出版社2021年版，第14页。

[2] 《习近平谈治国理政》第1卷，外文出版社2018年版，第307页。

[3] 《习近平关于"不忘初心、牢记使命"论述选编》，中央文献出版社、党建读物出版社2019年版，第66页。

[4] 《习近平关于实现中华民族伟大复兴的中国梦论述摘编》，中央文献出版社2013年版，第27页。

[5] 习近平：《在纪念邓小平同志诞辰110周年座谈会上的讲话》，人民出版社2014年版，第22页。

们用几十年时间走完了发达国家几百年走过的发展历程，创造了世界发展的奇迹"[1]。"中国人民的成功实践昭示世人，通向现代化的道路不止一条，只要找准正确方向、驰而不息，条条大路通罗马。"[2] 西方发达国家经过工业化、城镇化、农业现代化、信息化的顺序发展到目前水平，用了两百多年时间，我国则经历了一个"并联式"的发展过程，工业化、信息化、城镇化、农业现代化叠加发展，[3] 用几十年时间迎头赶上。从 20 世纪 50 年代第一次明确提出实现"四个现代化"，到改革开放后党的十三大提出"三步走"战略目标，到党的十五大谋划新的"三步走"战略部署，再到党的十九大作出新时代"两步走"战略安排。中国的现代化既是"一张蓝图绘到底"，又不断地与时俱进，在不同的发展阶段，总能因时而为，保持战略目标和路径的连续性和稳定性，尤其是党的十八大以后的"五位一体"和"四个全面"两个布局。

"两大布局"是新时代如何全面建设社会主义现代化的行动指南。例如，"实现社会主义现代化和中华民族伟大复兴是坚持和发展中国特色社会主义的总任务"，"现代化的本质是人的现代化"，"我们要建设的现代化是人与自然和谐共生的现代化"，要"推进国家治理体系和治理能力现代化"，"要在坚持以经济建设为中心的同时，全面推进经济建设、政治建设、文化建设、社会建设、生态文明建设，促进现代化建设各个环节、各个方面协调发展"[4]。习近平新时代中国特色社会主义思想中关于"中国式现代化新道路"的这些重大思想和战略

---

[1] 习近平:《在省部级主要领导干部学习贯彻党的十八届五中全会精神专题研讨班上的讲话》，人民出版社 2016 年版，第 4 页。

[2] 习近平:《开放共创繁荣　创新引领未来——在博鳌亚洲论坛 2018 年年会开幕式上的主旨演讲》，《人民日报》2018 年 4 月 11 日。

[3] 《习近平新时代中国特色社会主义思想学习纲要》，学习出版社、人民出版社 2019 年版，第 60 页。

[4] 习近平:《在党的十八届五中全会第二次全体会议上的讲话（节选）》，《求是》2016 年第 1 期。

部署，深化了我们党对社会主义现代化建设规律的认识，丰富和发展马克思主义的发展观。

（二）中国式现代化的新形态

对任何国家来说，现代化起码包含三大任务：一是建立现代国家；二是发展现代经济；三是建设现代社会。没有现代国家就不能发展现代经济，现代经济发展又必定呼唤建设现代社会。成功的现代化是全面的现代化。党的十九届五中全会开启了全面建设社会主义现代化国家的新征程。新征程对中国式现代化特征有了全新的认识：我们所推进的现代化，具有中国特色，是中国式现代化，是社会主义现代化。我国现代化是人口规模巨大的现代化，是全体人民共同富裕的现代化，是物质文明和精神文明相协调的现代化，是人与自然和谐共生的现代化，是走和平发展道路的现代化。

1. 中国式现代化新道路是人口规模巨大的现代化

如果说西欧国家实现的现代化是千万人口级别的国家案例，美国的现代化是亿级人口的经验，那么中国实现的现代化将是 14 亿多人口国家取得的一项伟大成就。习近平总书记强调指出："现代化的本质是人的现代化。"[1] 中国将使占世界近五分之一的人口进入现代化强国序列。从人类的整个现代化进程看，实现工业化的国家不超过 30 个、人口不超过 10 亿，而且都是以资本主义方式实现的。21 世纪中叶，当这个世界上最大的发展中国家建成社会主义现代化强国时，意味着比现在所有发达国家人口总和还要多的中国人民将进入现代化序列。这将是人类社会发展史上又一奇迹。改革开放以来，我国 7 亿多农村贫困人口摆脱贫困，中国成为全球最早实现联合国千年发展目标中减贫目标的发展中国家。特别是党的十八大以来，我国打响脱贫攻坚战，自 2013 年以来平均每年减

---

[1] 习近平：《论坚持全面深化改革》，中央文献出版社 2018 年版，第 68 页。

贫人口超过 1000 万人，到 2020 年底 5575 万农村贫困人口实现脱贫，历史性地解决了绝对贫困问题。

2. 中国式现代化新道路是物质文明和精神文明协调发展的现代化

物质文明和精神文明本质上就是相辅相成的，都是人类认识世界、改造世界的成果结晶。改革开放之初，我们党创造性地提出建设社会主义精神文明的战略任务，确定了"两手抓、两手都要硬"的战略方针；党的十二届六中全会、十四届六中全会通过决议，深刻阐明了物质文明与精神文明的辩证统一关系，确立、重申了物质文明与精神文明协调发展的基本原则。党的十八大以来，党中央把物质文明和精神文明协调发展置于统筹推进"五位一体"总体布局、协调推进"四个全面"战略布局的重要位置。"中国特色社会主义是全面发展、全面进步的伟大事业，没有社会主义文化繁荣发展，就没有社会主义现代化。"党的十八大以来，我国进一步"加强社会主义精神文明建设，培育和践行社会主义核心价值观"[1]。新中国成立后特别是改革开放以来，我们用几十年时间走完了发达国家几百年走过的工业化历程，到 2010 年跃升为世界第二大经济体，经济实力、科技实力、综合国力、文化影响力、国际影响力等显著提升。习近平总书记为此特别强调，"当高楼大厦在我国大地上遍地林立时，中华民族精神的大厦也应该巍然耸立。"[2] "一个没有精神力量的民族难以自立自强，一项没有文化支撑的事业难以持续长久。"[3]

3. 中国式现代化新道路是人与自然和谐共生的现代化

西方发达国家的现代化历程基本上都是走的先污染后治理的工业化道路。几百年来，西方大规模的工业化进程，创造了前所未有的物质财富，也造成了

---

［1］习近平：《论中国共产党历史》，中央文献出版社 2021 年版，第 289 页。

［2］《习近平新时代中国特色社会主义思想学习问答》，学习出版社、人民出版社 2021 年版，第 303 页。

［3］《习近平关于社会主义文化建设论述摘编》，中央文献出版社 2017 年版，第 3 页。

难以想象的资源浪费和环境破坏，付出了沉重的生态代价。中国在工业化进程中明确生态文明建设的突出地位，将其纳入中国特色社会主义"五位一体"总体布局，把"美丽"作为建设社会主义现代化强国的重要内涵。坚持绿水青山就是金山银山理念，坚持尊重自然、顺应自然、保护自然，坚持节约优先、保护优先、自然恢复为主，守住自然生态安全边界。[1] 深入实施可持续发展战略，完善生态文明领域统筹协调机制，促进经济社会发展全面绿色转型。从党的十八大报告提出的"加快建立生态文明制度，健全国土空间开发、资源节约、生态环境保护的体制机制，推动形成人与自然和谐发展现代化建设新格局"[2]，到党的十九届四中全会提出的"坚持和完善生态文明制度体系，促进人与自然和谐共生"[3]，可以看出，中国式现代化新道路日益强调构建生态文明体系。

4. 中国式现代化新道路是和平发展的现代化

和平与发展仍然是时代主题，人类命运共同体理念深入人心。实现现代化是人类社会走向进步与繁荣的一种进程，是世界各国共同追求的目标。欧美发达国家在实现现代化的过程中，充满了国家间的矛盾、冲突乃至战争。西方资本主义的现代化历史，是一部充满了殖民征服、资源掠夺、金融控制的血腥历史，也是一部霸权扩张和更替的历史。中国式现代化，既是一种过程的和平，也将是一种结果的和平，实现了现代化后的中国更将是维护世界和平的重要力量。在现代化进程中，中国不仅是全球经济发展的贡献者，而且一直是世界和平的建设者，是国际秩序的维护者。"中国将始终做世界和平的建设者，坚定走和平发展道路，无论国际形势如何变化，无论自身如何发展，中国永不称霸、

---

[1]《中共中央关于制定国民经济和社会发展第十四个五年规划和二〇三五年远景目标的建议》，人民出版社 2020 年版，第 27 页。

[2]《十八大以来重要文献选编》（上），中央文献出版社 2014 年版，第 15 页。

[3]《中共中央关于坚持和完善中国特色社会主义制度推进国家治理体系和治理能力现代化若干重大问题的决定》，人民出版社 2019 年版，第 31—33 页。

永不扩张、永不谋求势力范围。"[1] 中国坚定奉行多边主义，坚持公平正义，维护以联合国为核心的国际体系和以国际法为基础的国际秩序，积极参与建立了各层次各领域的国际多边合作机制，共同应对全球性挑战。"我们在政策上是这样规定的、制度上是这样设计的，在实践中更是一直这样做的。"[2] 党的十八大以来，一方面，中国高举和平、发展、合作、共赢旗帜，坚持多边主义和共商共建共享原则，积极参与全球治理体系改革和建设，推动构建新型国际关系和人类命运共同体；另一方面，中国着力构建开放型世界经济，目前中国是全球120多个国家和地区的最大贸易伙伴。中国的经济增长成为带动世界经济增长的火车头；"一带一路"倡议与沿线国家在互利共赢基础上积极开展深度合作，为世界发展中地区提供了重要的发展机遇。

5. 中国式现代化新道路是共同富裕的现代化

共同富裕是社会主义的本质要求，是人民群众的共同期盼，是以人民为中心发展思想的集中体现。我们推动经济社会发展，归根结底是要实现全体人民共同富裕。新中国成立以来特别是改革开放以来，我们党团结带领人民向着实现共同富裕的目标不懈努力。新中国成立不久，毛泽东同志就指出："现在我们实行这么一种制度，这么一种计划，是可以一年一年走向更富更强的……而这个富，是共同的富，这个强，是共同的强。"[3] 改革开放不久，邓小平同志强调："社会主义不是少数人富起来、大多数人穷……社会主义最大的优越性就是共同富裕。"[4] 进入新时代以后，习近平同志指出："我们追求的发展是造福人民的发

---

[1] 习近平同志2015年9月28日在纽约联合国总部举行的第七十届联合国大会一般性辩论时的讲话。参见《携手构建合作共赢新伙伴，同心打造人类命运共同体》，载《十八大以来重要文献选编》（中），中央文献出版社2016年版，第698页。

[2] 《习近平谈治国理政》第1卷，外文出版社2018年版，第267页。

[3] 《毛泽东文集》第6卷，人民出版社1999年版，第495页。

[4] 《邓小平文选》第3卷，人民出版社1993年版，第364页。

展，我们追求的富裕是全体人民共同富裕。"[1] 党的十八大以来，我们党把脱贫攻坚作为重中之重，使现行标准下农村贫困人口全部脱贫，就是促进全体人民共同富裕的一项重大举措。当前，我国发展不平衡不充分问题仍然突出，城乡区域发展和收入分配差距较大，促进全体人民共同富裕是一项长期任务。党的十九届五中全会首次把"全体人民共同富裕取得更为明显的实质性进展"[2] 作为 2035 年远景目标提出来，在改善人民生活品质部分突出强调了"扎实推动共同富裕"，这正是体现一切为了人民，一切依靠人民，要让改革发展成果更多更公平惠及全体人民。党的十九大报告中提到的七个"有所"——幼有所育、学有所教、劳有所得、病有所医、老有所养、住有所居、弱有所扶——即使在现在的发达国家，也难以做到，更是整个人类历史前所未有的。

总之，中国式现代化新道路不是国外现代化发展的翻版，它是人类历史上前所未有的大变革，是人类文明的新形态。

三、中国式现代化道路的基本经验

实现中华民族伟大复兴，必须建立符合我国实际的先进制度体系。我们党团结带领人民完成社会主义革命，确立社会主义基本制度，推进社会主义建设，完成了中华民族有史以来最为广泛而深刻的社会变革，为当代中国一切发展进步奠定了根本政治前提和制度基础，实现了中华民族由近代不断衰落到根本扭转命运、持续走向繁荣富强的伟大飞跃。党的十八大以来确立的"五位一体"总体布局和"四个全面"战略布局就是其中的先进制度。"统筹推进经济建设、

---

[1] 《习近平关于社会主义社会建设论述摘编》，中央文献出版社 2017 年版，第 35 页。
[2] 习近平：《论把握新发展阶段、贯彻新发展理念、构建新发展格局》，中央文献出版社 2021 年版，第 503 页。

政治建设、文化建设、社会建设、生态文明建设的总体布局，协调推进全面建设社会主义现代化国家、全面深化改革、全面依法治国、全面从严治党的战略布局"[1]，成为新时代经济社会发展指导思想之一。

（一）坚持和发展中国特色社会主义道路

过去 200 多年来，现代化成为西方经验和"西方化"的代名词，西方模式似乎成为唯一可以模仿的样本。然而，自 20 世纪以来，很多发展中国家照搬西方模式，不仅没有实现现代化，反而失去了发展自主性，错过了发展机遇期，进而落入了发展陷阱。"西方化"是人类走向文明的理想模式的神话已经被其自身实践打破，一些试图复制西方发展道路的国家也纷纷失败。而中国独立自主地探索中国特色社会主义现代化道路取得了巨大成就。毛泽东同志明确指出："中国的前途，就是搞社会主义"，"只有社会主义能够救中国"。[2] 邓小平同志强调，"不走社会主义道路中国就没有前途"[3]；只有"把我们的国家建设成为社会主义的现代化强国，才能更有效地巩固社会主义制度"[4]。习近平同志指出："中国特色社会主义道路，是实现我国社会主义现代化的必由之路，是创造人民美好生活的必由之路。"[5]"道路决定命运，找到一条正确的道路多么不容易，我们必须坚定不移走下去。"[6] 中国特色社会主义道路自信、理论自信、制度自信、文化自信，源于中国特色社会主义实践取得的巨大成就，源于中国特色社会主义理论体系和习近平新时代中国特色社会主义思想。从党的十九大的"八个明确""十四个坚持"，到党的十九届六中全会决议中的"十大明确"，对习近

---

[1]《中共中央关于制定国民经济和社会发展第十四个五年规划和二〇三五年远景目标的建议》，人民出版社 2020 年版，第 6 页。

[2]《毛泽东文集》第 7 卷，人民出版社 1999 年版，第 124、214 页。

[3]《邓小平文选》第 3 卷，人民出版社 1993 年版，第 311 页。

[4]《邓小平文选》第 2 卷，人民出版社 1994 年版，第 86 页。

[5]《十八大以来重要文献选编》(上)，中央文献出版社 2014 年版，第 75 页。

[6]《习近平谈治国理政》第 1 卷，外文出版社 2018 年版，第 36 页。

平新时代中国特色社会主义思想作了系统概括和深刻阐释。"十大明确"是新时代坚持和发展中国特色社会主义的行动指南，着重回答了坚持和发展什么样的中国特色社会主义，怎样坚持和发展中国特色社会主义。"十大明确"的核心要义就是"两大布局"理论，提出一系列原创性的治国理政新理念新思想新战略。"习近平新时代中国特色社会主义思想是当代中国马克思主义、二十一世纪马克思主义，是中华文化和中国精神的时代精华，实现了马克思主义中国化新的飞跃"，"确立习近平新时代中国特色社会主义思想的指导地位"。[1]

中国道路是中国特色社会主义道路，其总体布局是"五位一体"，其战略布局是"四个全面"。党的十一届三中全会以后，以邓小平同志为主要代表的中国共产党人，"明确提出走自己的路、建设中国特色社会主义"，"独立自主是中华民族精神之魂，是我们立党立国的重要原则。走自己的路，是党百年奋斗得出的历史结论"[2]。经过40多年的改革开放伟大实践，中国道路已经成为中国人民的最大共识，成为把中国人联结成"现代化命运共同体"的一条道路，因而它是实现中国社会主义现代化、实现中华民族伟大复兴梦想的必由之路。从1982年中国共产党十二大正式为中国道路确定名字以来，每一次党的全国代表大会报告，都要在标题上突出"中国特色社会主义"这个关键词，都会对中国道路的理论和实践作出新的论述。"中国特色社会主义最本质的特征是中国共产党领导，中国特色社会主义制度的最大优势是中国共产党领导。"[3]这两句话，揭示了中国共产党的领导与中国道路、与中国现代化进程的内在关系。

从20世纪80年代开始，我们党就认识到，中国的现代化不只是经济上的现代化，于是提出"两大文明"论，即物质文明和精神文明两手都要抓、两

[1]《中共中央关于党的百年奋斗重大成就和历史经验的决议》，人民出版社2021年版，第26页。
[2]同上书，第67页。
[3]《中国共产党第十九次全国代表大会文件汇编》，人民出版社2017年版，第16页。

手都要硬。到 20 世纪 90 年代，提出了基于物质文明、政治文明、精神文明的"三大文明"论。进入 21 世纪，形成了"四大文明"论，即在"三大文明"基础上增加了社会文明。2012 年党的十八大，在"四大文明"论的基础上又增加了生态文明建设。至此，中国现代化道路便形成了"五位一体"的总体布局，旨在实现中华民族的伟大复兴。"实现中华民族伟大复兴是近代以来中华民族最伟大的梦想。"[1] 实际上，改革开放 40 多年来，中国式现代化道路就是在社会主义市场经济、民主政治、先进文化、和谐社会和生态文明五个方面渐次展开的，而不是某一方面的单边突进。就实践重点来看，还形成了从全面建成小康社会到全面建设社会主义现代化国家、全面深化改革、全面依法治国、全面从严治党这样一套"四个全面"的战略布局。

中国现代化在本质上是社会主义现代化，而不是照搬西方式的资本主义现代化。习近平总书记指出，这条道路既不是"传统的"，也不是"外来的"，更不是"西化的"，而是我们"独创的"。[2] 中国式现代化道路坚持把马克思主义基本原理同中国具体实际相结合、同中华优秀传统文化相结合，用马克思主义观察时代、把握时代、引领时代，继续发展当代中国马克思主义、21 世纪马克思主义。

（二）"两大布局"方法论

"两大布局"理论的方法指引主要体现在两个方面：第一，逐步形成了中国式现代化是全面的现代化共识，在推进中国式现代化的进程中，围绕经济、政治、文化、社会、生态等领域提出具体的目标，形成系统全面的目标体系。党的十八大报告提出，"人才强国、人力资源强国、文化强国、海洋强国"[3]。党

---

[1]《中国共产党第十九次全国代表大会文件汇编》，人民出版社 2017 年版，第 11 页。

[2]《习近平总书记系列重要讲话读本》，学习出版社、人民出版社 2016 年版，第 26 页。

[3]《十八大以来重要文献选编》（上），中央文献出版社 2014 年版，第 14、31 页。

的十九大报告提出，"航天强国、海洋强国、网络强国、科技强国、制造强国、贸易强国、质量强国、交通强国、文化强国、体育强国、教育强国、人才强国"[1]，其中，人才强国、文化强国、海洋强国在两次报告中都提及，共计有 13 个"强国"方面的目标，涉及我们所要推进的中国特色社会主义事业的主要方面，构成了现代化强国战略的主要目标体系。马克思、恩格斯指出，"现代社会"应该是人本质地、全面地、自由地发展的社会，"资本家对工人的统治，就是物对人的统治，死劳动对活劳动的统治，产品对生产者的统治"[2]。社会主义革命和建设的目的在于构建一种制度，坚持以人民为中心的发展思想，推动人的全面发展。"人民至上"是中国共产党百年奋斗的历史经验之一，"只要我们始终坚持全心全意为人民服务的根本宗旨，坚持党的群众路线，始终牢记江山就是人民、人民就是江山，坚持一切为了人民、一切依靠人民……坚持发展为了人民、发展依靠人民、发展成果由人民共享……就一定能够领导人民夺取中国特色社会主义新的更大胜利"[3]。中国式现代化道路就是人民追求美好生活的过程，中国现代化之梦"归根到底是人民的梦"。

第二，规划先行、战略引领行动，最终变成中国现实。世界未来学家约翰·奈斯比特把这一机制比喻为"规划'森林'，让'树木'自由成长"。"国家的长远目标就是通过这种自上而下与自下而上的程序形成的，政府制定优先政策和优先发展重点，而人民各尽其责，在保持和谐与秩序的同时允许多样性的存在。"[4] 事实上，中国这一套目标治理机制已经引起了世界的关注。英国前首相布莱尔曾感慨道："中国是个'言必行'的国家。中国的情况是，一旦制

---

[1]《中国共产党第十九次全国代表大会文件汇编》，人民出版社 2017 年版，第 24—28 页。

[2]《马克思恩格斯文集》第 8 卷，人民出版社 2009 年版，第 469 页。

[3]《中共中央关于党的百年奋斗重大成就和历史经验的决议》，人民出版社 2021 年版，第 66 页。

[4]［美］约翰·奈斯比特、［德］多丽丝·奈斯比特：《中国大趋势：新社会的八大支柱》，吉林出版集团、中华工商联合出版社 2009 年版，第 76 页。

定了目标，它就会信守承诺，直至最后完成目标。"[1] 中国共产党的领导是中国现代化进程的最本质特征和最大政治优势。中国共产党领导和推动中国现代化进程，就是战略导向，即制定或调整"时间表"和"路线图"。坚强的政治领导核心、有效的治理体系、科学的发展战略，是顺利推进现代化的重要保障。从"四个现代化"到"走出一条中国式的现代化道路"，从"社会主义现代化"到"小康社会"，从"全面建设小康社会"到"全面建成小康社会"，从"全面建成小康社会"到"全面建设社会主义现代化国家"，从"两个阶段"安排到"两个一百年"奋斗目标，从统筹推进"五位一体"总体布局、协调推进"四个全面"战略布局到全党统筹中华民族伟大复兴战略全局和世界百年未有之大变局，一以贯之的主题就是把我国建设成为现代化强国，实现中华民族伟大复兴。

中国式现代化在"走自己的路"的同时，将"摸着石头过河"和顶层设计有机结合起来，在准确把握现代化规律的基础上，通过制定和实施系统、协调的战略，妥善处理各种社会矛盾和利益关系，实现了社会主义制度的优势与现代化进程的合力。例如，其中一项重大的创新就是把社会主义基本制度与市场经济结合在一起，也因此实现了社会主义意识形态与现代性价值的内在统一，促进了社会主义制度和体制的自我完善，激发了经济社会发展前所未有的生机活力，成功地解决了市场与政府关系这一"世界性难题"。西方社会的"两分法"导致政府和市场两只手不能协同发挥作用。我国在社会主义现代化建设中将市场与政府两者有机统一起来，不是相互否定，不是相互割裂对立，既要发挥市场在资源配置中的决定性作用，又要更好发挥政府的作用。

---

[1] 转引自胡鞍钢:《中国的制度优势何在》,《人民论坛》2011 年第 14 期。中美商会前主席詹姆斯·麦格雷戈 2009 年 11 月接受《纽约时报》采访时也指出了中国的重要经验在于:"设立目标、制定计划,全力推动整个国家向前走。"

(三)赋予中国特色社会主义鲜明的实践特色

中国式现代化新道路"不是天上掉下来的,更不是别人恩赐施舍的,而是全党全国各族人民用勤劳、智慧、勇气干出来的","我们用几十年时间走完了发达国家几百年走过的工业化历程"[1],创造了现代化进程史上的伟大奇迹。改革开放 40 多年来,中国式现代化始终坚持以经济建设为中心,不断解放和发展社会生产力,我国国内生产总值由 3679 亿元增长到 2020 年的突破 100 万亿元,年均实际增长超过 9%,是同期世界经济年均增速的 3 倍。我国国内生产总值占世界生产总值的比重由改革开放之初的 1.8% 上升到 17%,多年来对世界经济增长贡献率超过 30%。我国货物进出口总额从 206 亿美元增长到超过 4 万亿美元,累计使用外商直接投资超过 2 万亿美元。我国主要农产品产量跃居世界前列,建立了全世界最完整的现代工业体系,220 多种工业品产量世界第一,科技创新和重大工程捷报频传。现在,我国是世界第二大经济体、制造业第一大国、货物贸易第一大国、商品消费第二大国、外资流入第二大国,我国外汇储备连续多年位居世界第一。

中国式现代化始终坚持中国特色社会主义政治发展道路,不断深化政治体制改革,发展社会主义民主政治,党和国家领导体制日益完善,全面依法治国深入推进,中国特色社会主义法律体系日益健全,人民当家作主的制度保障和法治保障更加有力。[2] 中国式现代化始终坚持发展社会主义先进文化,践行社会主义核心价值观,传承和弘扬中华优秀传统文化,塑造先进文化和伟大的改革开放精神。中国式现代化始终坚持在发展中保障和改善民生,全面推进社会建设,围绕幼有所育、学有所教、劳有所得、病有所医、老有所养、住有所居、

---

[1] 习近平:《在庆祝改革开放 40 周年大会上的讲话》,人民出版社 2018 年版,第 18 页。
[2] 同上书,第 12 页。

弱有所扶，不断改善人民生活、增进人民福祉。[1] 全国居民人均可支配收入由171元增加到突破3万元，中等收入群体在4亿的基础上持续扩大，消除了绝对贫困，谱写了人类反贫困史上的奇迹。中国式现代化始终坚持保护环境和节约资源，坚持推进生态文明建设，生态文明制度体系加快形成，国土空间开发保护格局得到优化，生产生活方式绿色转型成效显著，能源资源配置更加合理有效，积极参与和引导应对气候变化国际合作。

党的十一届三中全会以来，改革沿着"从实行家庭联产承包、乡镇企业异军突起、取消农业税牧业税和特产税到农村承包地'三权'分置、打赢脱贫攻坚战、实施乡村振兴战略"，开放沿着"从兴办深圳等经济特区、沿海沿边沿江沿线和内陆中心城市对外开放到加入世界贸易组织、共建'一带一路'、设立自由贸易试验区和中国特色自由贸易港"，"改革开放成为当代中国最显著的特征、最壮丽的气象"[2]。党的十八大以来，我们党提出全面深化改革总目标是完善和发展中国特色社会主义制度、推进国家治理体系和治理能力现代化，着力增强改革的系统性、整体性、协同性，从以经济体制改革为主到全面深化经济、政治、文化、社会、生态文明体制和党的建设制度改革，改革呈现全面发力、多点突破、蹄疾步稳、纵深推进的局面。"出台一系列重大方针政策，推出一系列重大举措，推进一系列重大工作，解决了许多长期想解决而没有解决的难题，办成了许多过去想办而没有办成的大事"[3]。"改革开放也永无止境，改革只有进行时、没有完成时。"[4]"改革开放是党和人民大踏步赶上时代的重要法宝，是坚持和发展中国特色社会主义的必由之路。"[5] 因此，全面深化改革开放的总依据

---

[1] 习近平：《在庆祝改革开放40周年大会上的讲话》，人民出版社2018年版，第13页。

[2] 同上书，第9—10页。

[3]《中共中央关于党的百年奋斗重大成就和历史经验的决议》，人民出版社2021年版，第27页。

[4] 同上书，第37页。

[5] 习近平：《在庆祝改革开放40周年大会上的讲话》，人民出版社2018年版，第19页。

也是"两大布局"，反过来，波澜壮阔的改革开放实践也就成为了"两大布局"论的源泉。

四、"两大布局"推动中国式现代化理论的飞跃

（一）"两大布局"理论贯穿新时代中国式现代化新道路

习近平总书记在庆祝中国共产党成立100周年大会上庄严宣告："我们实现了第一个百年奋斗目标，在中华大地上全面建成了小康社会，历史性地解决了绝对贫困问题，正在意气风发向着全面建成社会主义现代化强国的第二个百年奋斗目标迈进。"[1] 在建党百年的重要讲话中，习近平总书记两次强调了统筹推进"五位一体"总体布局、协调推进"四个全面"战略布局。第一次是，在归纳中国共产党为实现中华民族伟大复兴，创新了四个方面的伟大成就，在新时代中国特色社会主义的伟大成就中，将"两大布局"作为坚持和完善中国特色社会主义制度、推进国家治理体系和治理能力现代化的理论指导。第二次是，在以史为鉴、开创未来的新征程中，习近平总书记总结了"九个必须坚持"，在"必须坚持和发展中国特色社会主义"中，强调以"两大布局"作为全面深化改革开放，立足新发展阶段，完整、准确、全面贯彻新发展理念，构建新发展格局，推动高质量发展的行动指南。"我们坚持和发展中国特色社会主义，推动物质文明、政治文明、精神文明、社会文明、生态文明协调发展，创造了中国式现代化新道路，创造了人类文明新形态。"[2] "五位一体"总体布局和"四个全面"战略布局是习近平新时代中国特色社会主义思想的重要支柱，是中国式现代化新道路的重大理论创新。

[1] 习近平：《在庆祝中国共产党成立100周年大会上的讲话》，人民出版社2021年版，第2页。
[2] 同上书，第13—14页。

"五位一体"总体布局指的是中国特色社会主义经济建设、政治建设、文化建设、社会建设和生态文明建设，是党的十八大完整提出和确定的，讲清楚了"干什么"的重大问题。党的十八大以后陆续形成的"四个全面"战略布局指的是全面建成小康社会、全面深化改革、全面依法治国和全面从严治党，讲清楚了"怎么干"的重大问题。党的十九届五中全会根据全面建成小康社会即将如期实现而提出了"开启全面建设社会主义现代化国家新征程"，新的"四个全面"战略布局就是协调推进"全面建设社会主义现代化国家、全面深化改革、全面依法治国、全面从严治党"[1]。"两大布局"理论是中国现代化理论的新发展。实现现代化是近代以来中国人民孜孜以求的中华民族伟大复兴梦，是中国共产党一以贯之的追求和信念。继"四个现代化"的"两步走"战略（1964年）、"三步走"战略（1987年）、新"三步走"战略（党的十五大）、"全面建设小康社会"的提出（党的十六大）之后，党的十八大明确了"到2020年全面建成小康社会"，党的十九大确定了"两个十五年"战略目标。"两大布局"是党的十八大以后实现"两个一百年"奋斗目标时期的行动指南和中国现代化理论的集中体现。

（二）"两大布局"理论引领中国式现代化新道路

"五位一体"总体布局是对马克思主义关于人的全面发展思想的坚持、实践和创新。"四个全面"战略布局是社会主义发展动力理论在新时代的集中实践。"两大布局"遵循了马克思主义社会有机体论，强调人、物和社会结构等各要素在社会矛盾运动中的有机统一，包括人的实践活动和社会关系的总和，以人民为中心作为基本的价值取向。"两大布局"运用辩证唯物主义、历史唯物主义及全面联系发展看问题的世界观和方法论，充分体现了全局思维、战略思

---

[1]《中共中央关于制定国民经济和社会发展第十四个五年规划和二〇三五年远景目标的建议》，人民出版社2020年版，第6页。

维、辩证思维和系统思维，贯穿整体推进论与协调推进论，注重现代化建设各方面的相互协调，促进生产关系与生产力、上层建筑与经济基础相互适应，不断开拓生产发展、生活富裕、生态良好的文明发展道路。新的"四个全面"把全面建设社会主义现代化国家放在首位、居于引领，用这个目标引领所有的奋斗。而"五位一体"总体布局则坚持发展为了人民、发展依靠人民、发展成果由人民共享，坚持按照人人参与和人人享有的原则要求，着眼于中华民族伟大复兴的"中国梦"。社会主义初级阶段的基本国情是"两大布局"的现实依据。"两大布局"是依托社会主义初级阶段的基本国情作出的，都根植于中国特色社会主义伟大实践。"两大布局"具有鲜明的实践性，不仅着力增强发展的整体性协调性，而且推进人与自然和谐共生，通过"四个全面"战略布局的协调推进，带动"五位一体"总体布局的实现。"四个全面"是在"五位一体"总体布局之中，两者归根结底都是为了更好地服务于新时代中国特色社会主义事业。

对应于第一个百年奋斗目标，"四个全面"战略布局的目标是全面建成小康社会；对应于第二个百年奋斗目标，"四个全面"战略布局的目标是"全面建设社会主义现代化国家"。"五位一体"总布局旨在实现社会主义现代化和中华民族伟大复兴，对应的是第二个百年奋斗目标。"四个全面"战略布局是推进"五位一体"总体布局的战略重点，是当前和今后一段时期各项工作的关键环节、重点领域、主攻方向。在实现"两个一百年"奋斗目标中，无论是"全面小康"还是"全面建设社会主义现代化国家"，他们都是经济建设、政治建设、文化建设、社会建设与生态建设五个方面的协调统一、齐头并进的结果，不是单一的某个方面的发展。"五位一体"具有长期性和战略指导性，"四个全面"具有阶段性和现实指向性，两者是整体规划和重点推进的有机统一、长远目标与阶段任务的有机统一。

（三）"两大布局"体系推动马克思主义发展观进入新境界

"两大布局"的系统化体系既包括"五位一体"总体布局和"四个全面"战略布局之间的逻辑关系，又包含自己的知识体系、学术体系和话语体系。"五位一体"总体布局包含经济、政治、文化、社会、生态等发展全局，它们之间是并列的逻辑关系，呈横向特征，一个不能缺。"四个全面"战略布局强调以全面深化改革、全面依法治国、全面从严治党来确保"十三五"决胜全面建成小康社会，以及"十四五"开启的全面建设社会主义现代化国家新征程，它们之间是螺旋式递进的逻辑关系，呈纵向特征。"五位一体"总体布局的普遍联系体现为五大建设的相辅相成和相互制约关系，任何一方的缺位都会造成总体布局功能与结构的改变。"五位一体"和"四个全面"之间是统筹推进与重点突破、顶层设计与战略举措之间的有机统一，这意味着要处理好系统性和局部性的协同推进的关系。"两大布局"的系统化体系是新时代中国特色社会主义理论关于"如何发展"理论的新境界。

恩格斯指出："一切划时代的体系的真正的内容都是由于产生这些体系的那个时期的需要而形成起来的"[1]。"两大布局"的系统化体系有利于增进中国对世界贡献及"人类命运共同体"世界观的理解。习近平新时代中国特色社会主义思想承担起的历史使命是"强起来"，也就是实现中华民族的伟大复兴。何为民族复兴？就是超越自我，走到人类文明的前列并起引领作用。"两大布局"理论具有鲜明的世界意义并付诸实践，如提出了构建"人类命运共同体"，倡导"以共商、共建、共享为'一带一路'建设的原则"。"两大布局"理论不仅回答新时代中国所面临的重大发展问题，而且回应当代世界的主要关切问题，是对人

---

[1]《马克思恩格斯全集》第 3 卷，人民出版社 1974 年版，第 544 页。

类文明发展观的丰富和发展。当今世界各国政治、经济、文化、生态等方面关联日益紧密，世界各国在增长、移民、贫困、生态、环境等问题上存在着共同利益、面临着共性的挑战。"两大布局"理论就是站在马克思主义发展观与人类文明发展方向的高度形成和发展的。

第三章

"两大布局"的结构理论

一、"两大布局"与经济新常态

(一)"两大布局"适应新常态、把握新常态、引领新常态

2008 年国际金融危机以后,世界经济进入了结构深度调整周期。"党的十八大以来,我们对经济发展阶段性特征的认识不断深化。2013 年,党中央作出判断,我国经济发展正处于增长速度换挡期、结构调整阵痛期和前期刺激政策消化期'三期叠加'阶段;2014 年,提出我国经济发展进入新常态。"[1] 新常态是一个客观状态,是我国经济发展到一定阶段必然会出现的一种状态,适应新常态、把握新常态、引领新常态是我国经济发展的大逻辑。[2] 新常态下我国经济发展的环境、条件、任务、要求等都发生了新的变化。为此,习近平总书记提出了"九看"的思想方法 [3]:消费需求已从模仿型排浪式消费向个性化、多样化消费转变;投资需求从传统产业、房地产领域转向新技术、新产品、新业态、新商业模式;出口优势从以前的低成本优势转向新的综合比较优势;产业结构向生产小型化、智能化、专业化的产业组织新特征转变;劳动力低成本优

---

[1] 《习近平新时代中国特色社会主义思想学习问答》,学习出版社、人民出版社 2021 年版,第 241 页。

[2] 同上书,第 112 页。

[3] 《习近平新时代中国特色社会主义思想基本问题》,人民出版社、中共中央党校出版社 2020 年版,第 197 页。

势在减弱，经济增长将更多依靠人力资本质量和技术进步；市场竞争正逐步由数量扩张和价格竞争转向质量型、差异化为主的竞争；环境承载能力已经达到或接近上限，必须推动形成绿色低碳循环发展新方式；各类经济隐性风险正在逐渐显性化，必须守住不发生系统性风险的底线；全面刺激政策边际效果明显递减，资源配置和宏观调控方式必须将市场在资源配置中的决定性作用和更好发挥政府的作用有机结合起来。

新常态下，我国经济发展呈现出增长速度变化、发展方式转变、经济结构优化、增长动力转换的新特点：在增长速度上，从高速转向中高速。经济增长速度的变化，既反映了世界经济发展的客观趋势，又体现了我国经济增长动能的转换。在发展方式转变上，从规模速度型转向质量效益型。经济发展更多依靠效率改进，包括提高劳动效率、资本效率、土地效率、管理效率、技术效率和全要素生产率等。在经济结构调整上，从增量扩能为主转向调整存量、做优增量及供给侧结构性改革并举。在需求结构方面，消费需求成为拉动经济增长中第一力量；在产业结构方面，第三产业成为经济的主导产业；在城乡结构方面，城镇化进程持续推进，城镇化率已达到64%；在区域结构方面，中西部地区表现出强劲的发展潜力，京津冀、长三角及粤港澳大湾区等东部城市群驱动发展模式已经形成，"一带一路"建设、长江经济带建设贯通东中西联动。在增长动力转换上，从主要依靠资源和低成本劳动力等要素投入向更多依靠创新驱动转变。尽管我国经济面临下行压力，但经济发展长期向好的基本面没有变，支撑经济持续增长的良好基础和条件没有变，我国发展仍处于重要战略机遇期，拥有足够的韧性、巨大的潜力和不断迸发的创新活力。[1] 我国经济增速虽然总体放缓，但综合实力显著提升，大国经济优势日益显著，高质量发展成为主题。

经济发展进入新常态，我国经济发展的障碍日益集中于结构性问题，且主

---

[1]《习近平谈治国理政》第2卷，外文出版社2017年版，第249页。

要方面在供给侧，供给结构不能适应需求结构的变化。推进供给侧结构性改革，是适应和引领经济发展新常态的重大创新，是适应 2008 年国际金融危机之后综合国力竞争新形势的主动选择，是推动我国经济实现高质量发展的必然要求。习近平总书记在 2015 年 11 月的中央财经领导小组第 11 次会议上首次提出"供给侧结构性改革"，他指出："在适度扩大总需求的同时，着力加强供给侧结构性改革，着力提高供给体系质量和效率，增强经济持续增长动力，推动我国社会生产力水平实现整体跃升。"[1] 所谓供给侧结构性改革，"即从提高供给质量出发，用改革的办法推进结构调整，矫正要素配置扭曲，扩大有效供给，提高供给结构对需求变化的适应性和灵活性，提高全要素生产率，更好满足广大人民群众的需要，促进经济社会持续健康发展"[2]。"供给侧"是指经济运行的主要矛盾在供给侧。"结构性"是指供给侧的矛盾主要是"结构"而非"总量"。"我国经济运行面临的突出矛盾和问题，虽然有周期性、总量性因素，但根源是重大结构性失衡。"[3] 供给侧结构性改革的方式，主要是从增加有效制度供给、增加有效技术供给、增加高质量产品供给方面着力。但是，供给侧结构性改革和需求侧管理是相辅相成的。习近平同志深刻指出："供给和需求是市场经济内在关系的两个基本方面，是既对立又统一的辩证关系，二者你离不开我、我离不开你，相互依存、互为条件。没有需求，供给就无从实现，新的需求可以催生新的供给；没有供给，需求就无法满足，新的供给可以创造新的需求。"[4] 因此，

［1］《习近平关于社会主义经济建设论述摘编》，中央文献出版社 2017 年版，第 87 页；习近平：《论把握新发展阶段、贯彻新发展理念、构建新发展格局》，中央文献出版社 2021 年版，第 55 页。

［2］ 人民日报独家专访：《七问供给侧结构性改革》，人民出版社 2016 年版，第 6 页。

［3］《习近平关于社会主义经济建设论述摘编》，中央文献出版社 2017 年版，第 113 页；习近平：《论把握新发展阶段、贯彻新发展理念、构建新发展格局》，中央文献出版社 2021 年版，第 135 页。

［4］《习近平谈治国理政》第 2 卷，外文出版社 2017 年版，第 252 页。

强调供给结构的调整，并不意味着忽视需求端，供给和需求两侧都有制约经济发展的因素，但新阶段矛盾的主要方面在供给侧，供给结构调整也必须围绕消费侧的转型升级而展开。"需求侧管理，重在解决总量性问题，注重短期调控，主要是通过调节税收、财政支出、货币信贷等来刺激或抑制需求，进而推动经济增长。供给侧管理，重在解决结构性问题，注重激发经济增长动力，主要通过优化要素配置和调整生产结构来提高供给体系质量和效率，进而推动经济增长。"[1] 深化供给侧结构性改革，总的要求是"巩固、增强、提升、畅通"八字方针。巩固"三去一降一补"成果，推动更多产能过剩行业加快出清，降低全社会各类营商成本，加大基础设施等领域补短板力度。增强微观主体活力，建立公平开放透明的市场规则和法治化营商环境。提升产业链水平，注重利用技术创新和规模效应形成新的竞争优势。畅通国民经济循环，建设统一开放、竞争有序的现代市场体系，形成国内市场和生产主体、经济增长和就业扩大、金融和实体经济良性循环。[2]

为了适应新常态、把握新常态、引领新常态，我们党不仅提出了创新、协调、绿色、开放、共享的新发展理念，而且先后作出了"五位一体"总体布局及"四个全面"战略布局。随着国家"十二五""十三五"规划的实施，"两大布局"在适应新常态、把握新常态、引领新常态上得到充分体现，尤其是党的十九大进一步明确提出，"我国经济已由高速增长阶段转向高质量发展阶段"。"两大布局"推动着我国从经济新常态到高质量发展阶段。"十三五"时期的贯彻创新、协调、绿色、开放、共享的发展理念及全面深化改革实践，确保如期"全面建成小康社会"、实现第一个百年奋斗目标，为开启全面建设社会主义现

---

［1］《习近平关于社会主义经济建设论述摘编》，中央文献出版社 2017 年版，第 99 页。

［2］《习近平新时代中国特色社会主义思想基本问题》，人民出版社、中共中央党校出版社 2020 年版，第 207 页。

代化国家新征程奠定坚实基础。"全面深化改革取得重大突破，全面依法治国取得重大进展，全面从严治党取得重大成果，国家治理体系和治理能力现代化加快推进。"[1] 在经济建设上，2020 年我国的 GDP 突破 100 万亿元，2019 年人均 GDP 突破 1 万美元，主要经济指标平衡协调，消费对经济增长贡献明显加大，服务业比重进一步上升，产业迈向中高端水平，我国在全球创新指数排名中位居世界第 14 位（2020 年），迈进创新型国家和人才强国行列。在政治建设上，"国家治理体系和治理能力现代化取得重大进展，各领域基础性制度体系基本形成，人民民主更加健全，法治政府基本建成"[2]。在社会建设上，就业、教育、文化、社保、医疗、住房等公共服务体系更加健全，基本公共服务均等化水平稳步提高。"高等教育进入普及化阶段，城镇新增就业超过 6000 万人，建成世界上规模最大的社会保障体系，基本医疗保险覆盖超过十三亿人，基本养老保险覆盖近十亿人，新冠肺炎疫情防控取得重大战略成果。"[3] 在文化建设上，培育和践行中国梦和社会主义核心价值观，"社会主义核心价值观深入人心，人民思想道德素质、科学文化素质和身心健康素质明显提高，公共文化服务体系和文化产业体系更加健全"[4]。在生态文明建设上，能源资源开发利用效率大幅提高，能源和水资源消耗、建设用地、碳排放总量得到有效控制，污染防治力度加大，主要污染物排放总量大幅减少，生态环境明显改善。

总之，"两大布局"在经济新常态中发挥了引领作用，不仅走出了一条全面协调发展的道路，而且探索出了一条生产发展、生活富裕、生态良好的文明发展道路。在追求全面协调发展道路上，坚持区域协同、城乡一体、物质文明精神文明并重、经济建设国防建设融合，在协调发展中拓宽发展空间，在加强

---

[1][2]《中共中央关于制定国民经济和社会发展第十四个五年规划和二〇三五年远景目标的建议》，人民出版社 2020 年版，第 2 页。

[3] 同上书，第 2—3 页。

[4] 同上书，第 8 页。

薄弱领域中增强发展后劲。塑造要素有序自由流动、城乡一体化发展、基本公共服务均等化、资源环境可承载的协调发展新格局，坚持以人民为中心的发展思想，布局物质文明、精神文明、政治文明、社会文明、生态文明的协调发展格局，推动实现更高质量、更有效率、更加公平、更可持续、更为安全的发展，走出一条生产发展、生活富裕、生态良好的文明发展道路。

（二）"两大布局"理论推动高质量发展

适应和引领经济发展新常态的根本目的，就是致力于实现高质量发展。党的十九大提出，我国经济已由高速增长阶段转向高质量发展阶段，同时还明确新时代我国社会主要矛盾是人民日益增长的美好生活需要和不平衡不充分的发展之间的矛盾。[1] 人民群众的需求重点已经从"有没有"转向"好不好"。无论是满足人民群众美好生活需要，还是解决不平衡不充分的发展问题，都需要更加注重发展质量。高质量发展不仅仅是经济的高质量，还包括政治、文化、社会和生态文明等各个方面，明确坚持和发展中国特色社会主义的总任务是实现社会主义现代化和中华民族伟大复兴，在全面建成小康社会的基础上，分两步走在 21 世纪中叶建成富强民主文明和谐美丽的社会主义现代化强国。

从党的十八大到十九大，践行"两大布局"的第一个五年，贯穿在国家"十二五"规划和"十三五"规划的实施中，"五年来的成就是全方位的、开创性的，五年来的变革是深层次的、根本性的"。[2] 发展是解决我国一切问题的基础和关键，从党的十八大提出的"新常态"到党的十九大提出的"高质量发展阶段"，从党的十九大召开到2020年，"两大布局"继续引领"全面建成小康社会决胜期"，这意味着高质量发展的第一个阶段性目标是决胜全面建成小康社会，其中关键词是"全面建成"，要求"统筹推进经济建设、政治建设、文化建

---

[1]《中国共产党第十九次全国代表大会文件汇编》，人民出版社 2017 年版，第 9 页。
[2] 同上书，第 7 页。

设、社会建设、生态文明建设"，"实施科教兴国战略、人才强国战略、创新驱动发展战略、乡村振兴战略、区域协调发展战略、可持续发展战略、军民融合发展战略"，"使全面建成小康社会得到人民认可、经得起历史检验"[1]。到了党的十九届五中全会时，明确了高质量发展的第二个阶段性目标是全面建设社会主义现代化国家。"高质量发展阶段"的两个阶段性目标，对应的就是"四个全面"战略布局的两个战略目标，显然，中国特色社会主义事业"五位一体"总体布局和"四个全面"战略布局都是服务于"两个百年目标"。与党的十八大相比，十九大聚焦"决胜全面建成小康社会"目标提出高质量发展战略。

在物质文明的高质量发展上，对目标做出了新的判断，"我国正处在转变发展方式、优化经济结构、转换增长动力的攻关期，建设现代化经济体系是跨越关口的迫切要求和我国发展的战略目标"；对发展路径进行了新的规划，"必须坚持质量第一、效益优先，以供给侧结构性改革为主线，推动经济发展质量变革、效率变革、动力变革，提高全要素生产率"[2]；突出了新的发展重点，深化供给侧结构性改革、加快建设创新型国家、实施乡村振兴战略、实施区域协调发展战略、加快完善社会主义市场经济体制、推动形成全面开放新格局。

在精神文明的高质量发展上，提出了新的目标，"坚持中国特色社会主义文化发展道路，激发全民族文化创新创造活力，建设社会主义文化强国"，"发展面向现代化、面向世界、面向未来的，民族的科学的大众的社会主义文化"[3]；对具体的发展措施进行了系统规划：牢牢掌握意识形态工作领导权，培育和践行社会主义核心价值观，加强思想道德建设，繁荣发展社会主义文艺，推动文化事业和文化产业发展。

---

[1]《中国共产党第十九次全国代表大会文件汇编》，人民出版社 2017 年版，第 22 页。
[2] 同上书，第 24 页。
[3] 同上书，第 33 页。

在政治文明的高质量发展上，强调"坚持党的领导、人民当家作主、依法治国有机统一"，三者统一于我国社会主义民主政治伟大实践，并提出了一系列保障措施：加强人民当家作主制度保障，发挥社会主义协商民主重要作用，深化依法治国实践，深化机构和行政体制改革，巩固和发展爱国统一战线。

在社会文明的高质量发展上，注重"提高保障和改善民生水平，加强和创新社会治理"，"让改革发展成果更多更公平惠及全体人民，朝着实现全体人民共同富裕不断迈进"[1]，其中的重点举措包括：优先发展教育事业，实现更加充分更高质量就业，居民收入增长和经济增长基本同步，分配结构明显改善，基本公共服务均等化水平明显提高，多层次社会保障体系更加健全，实现健康中国战略，打造共建共治共享的社会治理格局。

在生态文明的高质量发展上，提出了"我们要建设的现代化是人与自然和谐共生的现代化"的目标，"既要创造更多物质财富和精神财富以满足人民日益增长的美好生活需要，也要提供更多优质生态产品以满足人民日益增长的优美生态环境需要"[2]。为此，十九大以后我们要推进绿色发展，着力解决突出环境问题，加大生态系统保护力度，建设美丽中国。

为了决胜全面建成小康社会，需要统筹推进"五位一体"总体布局，协调推进"四个全面"战略布局。党的十九大报告将全面深化改革、全面依法治国和全面从严治党纳入贯彻落实新时代中国特色社会主义思想的基本方略。全面深化改革与坚定不移贯彻创新、协调、绿色、开放、共享的发展理念紧密相连，"坚决破除一切不合时宜的思想观念和体制机制弊端，突破利益固化的藩篱，吸收人类文明有益成果，构建系统完备、科学规范、运行有效

---

[1]《中国共产党第十九次全国代表大会文件汇编》，人民出版社 2017 年版，第 36 页。
[2] 习近平：《论坚持全面深化改革》，中央文献出版社 2018 年版，第 377 页。

的制度体系"[1]，依法治国、依法执政、依法行政共同推进。全面从严治党更加注重落实，坚持"三严三实"，严肃党内政治生活，严明党的纪律，强化党内监督。

二、"两大布局"与新发展阶段理论

（一）"两大布局"下的新发展阶段

党的十九届五中全会对我国进入新的发展阶段作了科学判断，"我国全面建成小康社会、实现第一个百年奋斗目标之后，乘势而上开启全面建设社会主义现代化国家新征程"。这是站在两个大局的角度来考虑：一是中华民族伟大复兴的战略全局，二是百年未有之大变局，这是我国新发展阶段的历史方位。新发展阶段就是全面建设社会主义现代化国家新征程，这个阶段也是高质量发展的新阶段。

1. 中国经济总量自 2010 年开始一直稳居世界第二

为什么首先要将我国现阶段的发展放在中华民族伟大复兴战略布局的视角来看？清嘉庆二十五年（1820 年），我国的经济总量在世界上占比 33%。[2] 纵观中国近现代历史，鸦片战争一直到新中国成立，我国经济总量在世界占比一直呈下降趋势。新中国成立以后，尤其是 1978 年改革开放以来，我国的经济总量不断上升，2021 年的世界占比超过 18%。40 年前，中国是一个穷困落后国家；40 年后的今天，中国经济总量稳居世界第二。中国经济总量占美国的比率不断提升，在 2020 年就达到 70%。进入新发展阶段是中华民族伟大复兴历史进程的大跨越。

---

[1]《中国共产党第十九次全国代表大会文件汇编》，人民出版社 2017 年版，第 17 页。

[2]［英］安格斯·麦迪森：《世界经济千年史》，北京大学出版社 2003 年版，中文版前言。

2. 中国人均 GDP 超 1 万美元，让全球有近 30 亿人迈入此行列

中国在世界经济格局中的地位也发生了根本性变化。从 1979 年到 2018 年，中国经济的平均增速是 9.5%，而整个世界是 2.9%，中国年均世界经济贡献率大幅度提高。40 年前，中国人均 GDP 为 156 美元，尚不及当时撒哈拉沙漠以南非洲国家的三分之一；40 年后的今天，中国人均 GDP 破 1 万美元，成为名副其实的中等收入偏上国家。中国进入人均 GDP 超过 1 万美元的国家行列，意味着整个世界上人均 GDP 超过 1 万美元的人口，从原来的 15 亿变成了现在近 30 亿，这是中国对世界做出的巨大贡献。2016—2020 年，我国对世界经济增长的年均贡献率近 30%，继续担当世界经济增长的"火车头"。与此相较，2008 年国际金融危机之后，美欧等发达国家经济一直低迷，对世界经济增长的贡献不断下降。在世界科技变革中，中国发挥着越来越重要的作用。我国的创新水平在中等收入国家中遥遥领先，远远超过了发达国家的平均水平，日益走进世界前列。

3. 新发展阶段的环境面临深刻复杂变化

当前和今后一个时期，我国发展仍然处于重要战略机遇期，但机遇和挑战都有新的发展变化。党的十九届五中全会对我国发展环境面临的深刻复杂变化作了准确判断：（1）从国际环境看，当今世界正经历百年未有之大变局，新一轮科技革命和产业变革深入发展，经济全球化遭遇逆流，新冠肺炎疫情影响广泛深远，国际环境日趋复杂，不稳定性不确定性明显增加。[1]（2）从国内环境看，我国已转向高质量发展阶段，"经济发展长期向好的基本面没有变，支撑经济持续增长的良好基础和条件没有变"[2]，我国发展仍处于重要战略机遇期，"世

---

[1]《中共中央关于制定国民经济和社会发展第十四个五年规划和二〇三五年远景目标的建议》，人民出版社 2020 年版，第 3 页。

[2]《习近平新时代中国特色社会主义思想基本问题》，人民出版社、中共中央党校出版社 2020 年版，第 202 页。

界面临百年未有之大变局，变局中危和机同生并存，这给中华民族伟大复兴带来重大机遇"[1]。当然，我们也要清醒地看到，我国发展不平衡不充分问题仍然突出。"全党要统筹中华民族伟大复兴战略全局和世界百年未有之大变局，深刻认识我国社会主要矛盾变化带来的新特征新要求，深刻认识错综复杂的国际环境带来的新矛盾新挑战。"[2]

（二）新发展阶段对"两大布局"的新要求

党的十八大以来，为了实现中华民族伟大复兴，我们党统揽伟大斗争、伟大工程、伟大事业、伟大梦想，创造了新时代中国特色社会主义的伟大成就。党的十八大以来，中国特色社会主义进入新时代，全面贯彻党的基本理论、基本路线、基本方略，统筹推进经济建设、政治建设、文化建设、社会建设、生态文明建设的总体布局，协调推进全面建设社会主义现代化国家、全面深化改革、全面依法治国、全面从严治党的战略布局，坚持和完善中国特色社会主义制度、推进国家治理体系和治理能力现代化，实现第一个百年奋斗目标，明确实现第二个百年奋斗目标的战略安排，党和国家事业取得历史性成就、发生历史性变革，为实现中华民族伟大复兴提供了更为完善的制度保证、更为坚实的物质基础、更为主动的精神力量。

1. 新发展阶段对"五位一体"总体布局的新要求

党的十九大对实现第二个百年奋斗目标作出分两个阶段推进的战略安排，即到 2035 年基本实现社会主义现代化，到本世纪中叶把我国建成富强民主文明和谐美丽的社会主义现代化强国。[3] 2035 年基本实现社会主义现代化，这是全面的现代化。党的十九届五中全会对其远景目标做了深刻描述：在经济建设上，

---

[1] 《中央经济工作会议在北京举行》，《人民日报》2018 年 12 月 22 日。
[2] 《中共中央关于制定国民经济和社会发展第十四个五年规划和二〇三五年远景目标的建议》，人民出版社 2020 年版，第 4 页。
[3] 《中国共产党第十九次全国代表大会文件汇编》，人民出版社 2017 年版，第 23 页。

经济总量和城乡居民人均收入将再迈上新的大台阶，人均国内生产总值达到中等发达国家水平；进入创新型国家前列；基本实现新型工业化、信息化、城镇化、农业现代化，建成现代化经济体系。在政治建设上，基本实现国家治理体系和治理能力现代化，基本建成法治国家、法治政府、法治社会。在文化建设上，建成文化强国、教育强国、人才强国、体育强国、健康中国。在社会建设上，基本公共服务实现均等化，人民生活更加美好，人的全面发展、全体人民共同富裕取得更为明显的实质性进展。在生态文明建设上，美丽中国建设目标基本实现。[1]

2. 新发展阶段对"四个全面"战略布局的新要求

在新的发展阶段，要协调推进全面建设社会主义现代化国家、全面深化改革、全面依法治国、全面从严治党的战略布局。"五位一体"具有长期性和战略指导性，"四个全面"具有阶段性和现实指向性，两者是整体规划和重点推进的有机统一。高质量发展是党的十九大提出的发展目标，决胜全面建成小康社会是高质量发展的第一个目标，全面建设社会主义现代化国家新征程是高质量发展的第二个目标，也是"四个全面"中的新的战略目标。为实现第二个百年目标，必须"全面深化改革、全面依法治国、全面从严治党"。为此，党的十九届五中全会对新征程的"四个全面"战略布局进行了新的部署和要求：[2]

（1）全面深化改革更多地集中于国家治理体系和治理能力现代化上。例如，社会主义市场经济体制更加完善，高标准市场体系基本建成，市场主体更加充满活力，产权制度改革和要素市场化配置改革取得重大进展，公平竞争制度更加健全，更高水平开放型经济新体制基本形成。坚持创新驱动发展，全面塑造

---

[1]《中共中央关于制定国民经济和社会发展第十四个五年规划和二〇三五年远景目标的建议》，人民出版社 2020 年版，第 4—5 页。

[2] 同上书，第 4—9 页。

发展新优势，加快发展现代产业体系，推动经济体系优化升级，形成强大国内市场，构建新发展格局。

（2）全面推进依法治国日益集中在建设中国特色社会主义法治体系、建设社会主义法治国家上；把党的领导贯彻落实到依法治国全过程和各方面，完善以宪法为核心的中国特色社会主义法律体系，建设中国特色社会主义法治体系，坚持依法治国、依法执政、依法行政共同推进，坚持法治国家、法治政府、法治社会一体建设，到 2035 年基本建成法治国家、法治政府、法治社会。

（3）全面从严治党形成"党的政治建设摆在首位，思想建党和制度治党同向发力"的格局。"中国特色社会主义最本质的特征是中国共产党领导，中国特色社会主义制度的最大优势是中国共产党领导。"[1] 党的领导是人民当家作主和依法治国的根本保证。勇于自我革命，从严管党治党，是我们党最鲜明的品格。严明党的纪律，强化党内监督，全面净化党内政治生态，这事关全面建设社会主义现代化国家的全局。

三、"两大布局"与新发展理念

（一）"两大布局"下的新发展理念

党的十八届五中全会系统地确立了创新、协调、绿色、开放、共享五大新发展理念，是关系我国发展全局的一场深刻变革。习近平总书记强调，新发展理念是一个系统的理论体系，回答了关于发展的目的、动力、方式、路径等一系列理论和实践问题，阐明了我们党关于发展的政治立场、价值导向、发展模式、发展道路等重大政治问题。[2] 经济社会发展是一个多维度、多层次、多因

［1］《中国共产党第十九次全国代表大会文件汇编》，人民出版社 2017 年版，第 16 页。

［2］ 韩文秀：《完整准确全面理解和贯彻新发展理念》，《人民日报》2021 年 3 月 22 日。

素的整体，新发展理念作为发展实践的思想引领，也是一个内涵丰富的整体，必须完整、准确、全面理解和贯彻。新发展理念是以习近平同志为核心的党中央作出的重大理论创新，是新的历史条件下推动发展的科学指引。[1]

新发展理念是党的十八届五中全会系统提出的我国经济社会发展的基本理念，其首要目标就是全面建成小康社会。实现"十三五"时期发展目标，破解发展难题，厚植发展优势，必须牢固树立创新、协调、绿色、开放、共享的发展理念。[2] 新发展理念的基本内涵包括：创新是引领发展的第一动力。"把创新摆在国家发展全局的核心位置，不断推进理论创新、制度创新、科技创新、文化创新等各方面创新。"[3] 协调是持续健康发展的内在要求。遵循"五位一体"总体布局，"促进经济社会协调发展，促进新型工业化、信息化、城镇化、农业现代化同步发展"[4]。绿色是永续发展的必要条件和人民对美好生活追求的重要体现。为实现人和自然和谐共生的现代化，"坚持节约资源和保护环境的基本国策，坚定走生产发展、生活富裕、生态良好的文明发展道路"[5]。开放是国家繁荣发展的必由之路。中国开放的大门越开越大。共享是中国特色社会主义的本质要求。完整准确全面理解和贯彻新发展理念，要坚持以人民为中心的发展思想，坚持人民主体地位，做到发展为了人民、发展依靠人民、发展成果由人民共享，朝着共同富裕方向稳步前进。新发展理念的五个方面紧密联系、相互支撑。习近平总书记指出："创新发展、协调发展、绿色发展、开放发展、共享发

[1] 韩文秀：《完整准确全面理解和贯彻新发展理念》，《人民日报》2021年3月22日。

[2] 习近平：《关于〈中共中央关于制定国民经济和社会发展第十三个五年规划的建议〉的说明》，载《十八大以来重要文献选编》（中），中央文献出版社2016年版，第773页。

[3] 习近平：《论把握新发展阶段、贯彻新发展理念、构建新发展格局》，中央文献出版社2021年版，第40页。

[4] 顾海良：《中国特色社会主义经济学读本》，江苏人民出版社2016年版，第143页。

[5] 习近平：《论把握新发展阶段、贯彻新发展理念、构建新发展格局》，中央文献出版社2021年版，第41页。

展，在工作中都要予以关注，使之协同发力、形成合力，不能畸轻畸重，不能以偏概全。"[1]

新发展理念，对如期完成第一个百年奋斗目标——全面建成小康社会发挥了重大作用，并将继续作为实现第二个百年奋斗目标的发展理念引领。解决发展动力问题，践行创新是引领发展的第一动力的理念；解决发展不平衡问题，将协调作为持续健康发展的内在要求；实现人与自然和谐共生的现代化，将绿色发展作为永续发展的必要条件和人民对美好生活追求的重要体现；解决内外联动问题，践行开放是国家繁荣发展的必由之路的发展理念；实现共同富裕的现代化，将共享理念作为解决社会公平正义问题的本质要求。

党的十九届五中全会以后，我国全面建成了小康社会、实现了第一个百年奋斗目标，开启了全面建设社会主义现代化国家新征程，进入新发展阶段，全面建设社会主义现代化国家成为新阶段的战略目标，这更需要完整准确全面贯彻新发展理念。党的十九届五中全会提出的"十四五"期间经济社会发展的12个重点任务，就是以新发展理念为基本逻辑展开的。[2] 在创新发展上，坚持创新驱动发展，全面塑造发展新优势；加快发展现代产业体系，推动经济体系优化升级；全面深化改革，构建高水平社会主义市场经济体制。在协调发展上，形成强大国内市场，构建新发展格局；优先发展农业农村，全面推进乡村振兴；优化国土空间布局，推进区域协调发展和新型城镇化。在绿色发展上，推动绿色发展，促进人与自然和谐共生。在开放发展上，实行高水平对外开放，开拓合作共赢新局面。在共享发展上，繁荣发展文化事业和文化产业，提高国家文化软实力；改善人民生活品质，提高社会建设水平；统筹发展和安

---

[1] 韩文秀：《完整准确全面理解和贯彻新发展理念》，《人民日报》2021年3月22日。
[2] 《中共中央关于制定国民经济和社会发展第十四个五年规划和二〇三五年远景目标的建议》，人民出版社2020年版，第2—44页。

全，建设更高水平的平安中国；加快国防和军队现代化，实现富国和强军相统一。在新发展阶段，围绕"四个全面"中的新战略目标，在党的十九届五中全会对全面贯彻新发展理念、推动高质量发展的重点任务中形成了一系列新的方略：

1. 强化创新在我国现代化建设全局中的核心地位，把科技自立自强作为国家发展的战略支撑

党的十九届五中全会提出，"坚持创新在我国现代化建设全局中的核心地位，把科技自立自强作为国家发展的战略支撑"，"强化国家战略科技力量"；目标是加快建设创新型国家和世界科技强国，手段是"面向世界科技前沿、面向经济主战场、面向国家重大需求、面向人民生命健康，深入实施科教兴国战略、人才强国战略、创新驱动发展战略，完善国家创新体系"[1]。发展现代产业体系、提升产业链供应链现代化水平都要依赖于创新驱动。目前，我国的研发经费投入强度达到了中等发达国家水平；科技进步贡献率近60%，若干领域实现从"跟跑"到"并跑""领跑"的跃升；知识产权产出居世界前列。

党的十九届五中全会强调加快数字化发展，推进数字产业化和产业数字化，推动数字经济和实体经济深度融合。在世界数字经济竞争格局中，中美两国是世界数字经济规模最大的两个经济体，美国数字经济占到其GDP总量的三分之二，数字经济规模全球第一，中国保持全球第二大数字经济体地位，目前我国数字经济规模占GDP比重超过40%。产业链和供应链的现代化，其中"现代化"的含义包括产业链数字化和供应链的智能化的发展。我国于2013年提出"宽带中国"战略，2015年提出"互联网＋"行动，2016年提出深化制造业和互联网融合发展的指导意见，2019年提出"数字乡村发展纲要"。

---

[1]《中共中央关于制定国民经济和社会发展第十四个五年规划和二〇三五年远景目标的建议》，人民出版社2020年版，第9—10页。

2. 强化协调发展，尤其是消费与投资的协调、区域协调发展以及发展和安全的协调

"十三五"以来，我国最终消费支出对经济增长的年均贡献率达到62%，第三产业增加值占GDP的比重达到近54%，第三产业在经济增长中的贡献占主导地位还有助于增加就业。一般而言，第三产业对就业的拉动效应是第二产业的两倍，"十三五"期间，我国城镇新增就业每年保持在1300万人以上，这离不开产业结构协调发展和优化升级。协调发展最突出的体现就是坚持"两大布局"，即统筹推进经济建设、政治建设、文化建设、社会建设、生态文明建设的"五位一体"总体布局，协调推进全面建设社会主义现代化国家、全面深化改革、全面依法治国、全面从严治党的"四个全面"战略布局，这是未来我国经济社会发展的指导方针，意味着全面建设社会主义现代化国家是各领域协调发展的现代化。在"两大布局"下，党的十九届五中全会提出，首先注重制造业和服务业的协调，保持制造业比重基本稳定，壮大战略性新兴产业，加快发展现代服务业；其次强调消费与投资的协调，坚持扩大内需这个战略基点，形成强大国内市场，拓展投资空间，优化投资结构，发挥投资对优化供给结构的关键作用；再次推进区域协调发展，健全区域协调发展体制机制；最后是新的提法，即统筹发展和安全，"把安全发展贯穿国家发展各领域和全过程，防范和化解影响我国现代化进程的各种风险"[1]。

3. 突出共享发展成果，从全面建成小康社会走向共同富裕取得实质性进展

共享发展的最大的一个亮点就是全面脱贫，贫困地区经济社会发展明显加快。我国如期完成了新时代脱贫攻坚目标任务，现行标准下农村贫困人口全部脱贫，贫困县全部摘帽，消除了绝对贫困和区域性整体贫困，党的十八大以来

---

[1]《中共中央关于制定国民经济和社会发展第十四个五年规划和二〇三五年远景目标的建议》，人民出版社2020年版，第36页。

有近 1 亿贫困人口实现脱贫，取得了令全世界刮目相看的重大成就。1978 年我国的贫困人口有 7.7 亿，党的十八大召开的 2012 年，还有 9899 万，2019 年只有 551 万了，到了 2020 年，我国实现了全面脱贫。这种贡献在世界发展史上是绝无仅有的，这也是中国对世界所创造的又一个奇迹。与中国经济长期高速增长和社会长期保持稳定这两大奇迹相比，7.7 亿人 40 年内全部脱贫，这是中国创造的第三大奇迹。坚持把实现好、维护好、发展好最广大人民根本利益作为发展的出发点和落脚点，尽力而为、量力而行，健全基本公共服务体系，完善共建共治共享的社会治理制度，扎实推动共同富裕，不断增强人民群众获得感、幸福感、安全感，促进人的全面发展和社会全面进步。"'十四五'末，全体人民共同富裕迈出坚实步伐，居民收入和实际消费水平差距逐步缩小；到 2035 年，全体人民共同富裕取得更为明显的实质性进展，基本公共服务实现均等化；到本世纪中叶，全体人民共同富裕基本实现，居民收入和实际消费水平差距缩小到合理区间。"[1] 实现共同富裕这项工作"不能等"，"让人民群众真真切切感受到共同富裕不仅仅是一个口号，而是看得见、摸得着、真实可感的事实"。[2] 我们要正确认识和把握实现共同富裕的战略目标和实践途径，"在高质量发展中促进共同富裕"，"构建初次分配、再分配、三次分配协调配套的基础性制度安排，加大税收、社保、转移支付等调节力度并提高精准性，扩大中等收入群体比重，增加低收入群体收入，合理调节高收入，取缔非法收入，形成中间大、两头小的橄榄型分配结构"[3]。共同富裕本身就是全面建设社会主义现代化国家的一个重要目标。

---

[1] 习近平：《扎实推动共同富裕》，《求是》2021 年第 20 期。
[2] 习近平：《把握新发展阶段，贯彻新发展理念，构建新发展格局》，中央文献出版社 2021 年版，第 479 页。
[3] 习近平：《扎实推动共同富裕》，《求是》2021 年第 20 期。

(二）完整、准确、全面贯彻新发展理念对"两大布局"的新要求

1. 中国进入了"以结构促增长"的新阶段

"十四五"之所以重视结构改革，一个根本的原因是我国已转向高质量发展阶段。在这个阶段，经济发展必须越来越多依赖结构性潜力，而不是资源投入的总量。这是我国未来五年乃至十五年能否实现可持续增长的关键，也是我们应对各种挑战的基础。"结构"这个关键词在国家"十四五"规划中出现了 55 次之多，与"结构"密切相关的"协调""统筹"这两个关键词分别出现了 48 次和 50 次。在指导思想上，国家"十四五"规划以推动高质量发展为主题，以深化供给侧结构性改革为主线。[1] 我国发展环境面临深刻复杂变化：一方面，国际力量的结构对比深刻调整，全球的结构性问题日期复杂，产业链结构、能源结构、贸易结构、金融结构等深刻变革；另一方面，我国发展不平衡不充分的问题日益表现在结构上，增长动力结构、产业结构、供给与需求结构、经济的国内大循环与国际循环的结构、城乡区域结构、收入分配结构等亟需全面深化改革。

2. 新结构是新发展阶段、新发展理念与新发展格局的核心内涵

与以前经济高速赶超增长时期以房地产、传统基建、出口为主要特征的结构性增长不同，在高质量发展的新阶段，供给侧结构性增长潜力日益依赖于创新驱动发展、结构升级驱动发展、城市群驱动发展等新的结构特征。在战略导向上，"十四五"时期推动高质量发展，不仅要坚持深化供给侧结构性改革，而且必须立足新发展阶段、贯彻新发展理念、构建新发展格局。这三者之间也存在着明显的结构性关系："把握新发展阶段是贯彻新发展理念、构建新发展格局的现实依据，贯彻新发展理念为把握新发展阶段、构建新发展格局提供了行动

---

[1]《中华人民共和国国民经济和社会发展第十四个五年规划和 2035 年远景目标纲要》，人民出版社 2021 年版，第 5 页。

指南，构建新发展格局则是应对新发展阶段机遇和挑战、贯彻新发展理念的战略选择。"[1]

新发展阶段开启了全面建设社会主义现代化国家新征程，这涉及一系列结构改革与优化的重大课题。尤其是必须统筹中华民族伟大复兴战略全局和世界百年未有之大变局，统筹推进经济建设、政治建设、文化建设、社会建设、生态文明建设的总体布局，协调推进全面建设社会主义现代化国家、全面深化改革、全面依法治国、全面从严治党的战略布局。贯彻创新、协调、绿色、开放、共享的新发展理念，这是高质量发展的内在要求，高质量发展就是要求结构协调和优化。"十四五"重点任务就是以新发展理念为基本逻辑主线，将结构改革贯穿其中。在新发展格局上，促进国内国际双循环，即国内大循环和国际循环的结构协调。一方面，形成强大国内市场，畅通国内大循环，把实施扩大内需战略同深化供给侧结构性改革有机结合起来，依托强大国内市场，贯通生产、分配、流通、消费各环节，形成需求牵引供给、供给创造需求的更高水平动态结构平衡。另一方面，促进国内国际双循环，协同推进强大国内市场和贸易强国建设，促进内需和外需、进口和出口、引进外资和对外投资的结构协调发展。

3. 阻碍高质量发展的因素日益集中于结构性难题

"结构性障碍"是当前和未来较长一段时期里阻碍高质量发展的主要因素。这不仅在中国是一个重要挑战，其他国家也面临类似的挑战，已成为全球治理的重要问题。在"十四五"期间，我国要重点解决产业结构性难题、政府与市场边界的结构性难题及城乡区域结构性难题。

在产业结构上，要加快发展现代产业体系、巩固壮大实体经济根基，其中不仅涉及制造业与服务业的结构协调，而且还要推动制造业结构优化升级，构

---

[1] 习近平：《论把握新发展阶段、贯彻新发展理念、构建新发展格局》，中央文献出版社 2021 年版，第 487 页。

建结构合理的战略性新兴产业增长引擎，构建优质高效、结构优化、竞争力强的服务产业新体系。[1] 在农业结构改革上，优化农业生产布局。

在政府与市场的结构上，充分发挥市场在资源配置中的决定性作用，更好发挥政府作用，推动有效市场和有为政府更好结合，以此构建高水平社会主义市场经济体制。其中的重点是加快国有经济布局优化和结构调整，建立布局结构调整长效机制。政府发挥作用的主要手段是建立现代财税金融体制，完善宏观经济治理。其中包括优化税制结构、税率结构、金融体系结构，以及完善宏观调控政策结构体系，促进经济总量平衡、结构优化、内外均衡。

在城乡与区域的结构上，一方面，加快农业转移人口市民化，统筹推进户籍制度改革和城镇基本公共服务常住人口全覆盖，深入推进以人为核心的新型城镇化战略；[2] 另一方面，着重完善新型城镇化战略、提升城镇化发展质量。顺应空间结构变化趋势，优化区域经济布局、促进区域协调发展。[3] 在东部率先发展，深入推进西部大开发、东北全面振兴、中部地区崛起的基础上，形成以城市群为重点的区域发展新格局。

4. 以统筹与协调发展推动结构改革

结构改革离不开宏观政策的组合。在供需协调匹配上，通过深化供给侧结构性改革，既提升供给体系适配性，又提高供给适应引领创造新需求能力。一是要优化提升供给结构，促进农业、制造业、服务业、能源资源等产业协调发展。二是要调整需求结构，加快培育完整内需体系，深入实施扩大内需战略，增强消费对经济发展的基础性作用，优化投资需求结构。坚持居民收入增长和

---

[1]《中华人民共和国国民经济和社会发展第十四个五年规划和 2035 年远景目标纲要》，人民出版社 2021 年版，第 23—37 页。

[2] 同上书，第 77—86 页。

[3] 同上书，第 95—99 页。

经济增长基本同步、劳动报酬提高和劳动生产率提高基本同步。

在国内大循环与国际循环的协调匹配上，不仅要实现产业链循环、市场供求循环、经济社会循环及国内国际双循环的协同，还需要与创新驱动发展战略、区域发展战略、现代产业体系、高水平社会主义市场经济体制及更高水平对外开放等实现统筹发展。在空间结构与区域协调的匹配上，"十四五"的重点是城市群，以城市群、都市圈为依托，促进大中小城市和小城镇协调发展；优化城市群内部空间结构，形成多中心、多层级、多节点的网络型城市群；建立健全城市群一体化协调发展机制和成本共担、利益共享机制，统筹推进基础设施协调布局、产业分工协作、公共服务共享、生态共建环境共治。[1] 深入实施区域协调发展战略，健全区域协调发展体制机制，实现各地区在发展中促进相对平衡。

四、"两大布局"与新发展格局理论

（一）"两大布局"下的新发展格局

新发展格局是我们党对经济发展客观规律的正确把握和实践运用，是"十四五"时期经济社会发展的指导思想，是必须遵循的原则。面临错综复杂的国际形势、艰巨繁重的国内改革发展稳定任务，特别是新冠肺炎疫情严重冲击，世界正经历百年未有之大变局。2020 年以来，从 5 月 14 日中共中央政治局常委会、5 月 23 日全国政协十三届三次会议经济界委员联组会、7 月 30 日中共中央政治局会议到 8 月 24 日在中南海召开的经济社会领域专家座谈会，习近平总书记多次提出要推动逐步形成新发展格局；9 月 1 日，习近平总书记主持召开中

---

[1] 《中华人民共和国国民经济和社会发展第十四个五年规划和 2035 年远景目标纲要》，人民出版社 2021 年版，第 77—86 页。

央全面深化改革委员会第十五次会议时再次强调加快形成新发展格局。10月26日，党的十九届五中全会对"加快构建以国内大循环为主体、国内国际双循环相互促进的新发展格局"作出了重大部署。从当初的"逐步形成"到"加快形成"，再到现在的"加快构建"新发展格局。这是以习近平同志为核心的党中央统筹"世界百年未有之大变局"和"中华民族伟大复兴的战略全局"，"根据我国发展阶段、环境、条件变化作出的战略决策，是事关全局的系统性深层次变革"，是习近平新时代中国特色社会主义经济思想的新境界，进一步丰富和发展了中国特色社会主义政治经济学。

1. 超大规模内需市场与国内大循环

大国经济的第一个显著特征和优势是超大规模内需市场。我国是全球最大且最有潜力的消费市场。拥有14亿人口，人均GDP已突破1万美元；拥有4亿中等收入人口，绝对规模世界最大，居民消费不断优化升级。2019年，社会消费品零售总额达到40.8万亿元，超大规模内需市场不仅是内部可循环的基础，而且是催生新技术革命的独特力量。超大的国内市场为新技术、新产业、新业态的发展提供了占领先机的机会和优势。我国在人工智能、5G技术、大数据等新技术、新产业、新业态等蓬勃发展，其中的逻辑就是国内超大规模市场的支撑。以国内大循环为主体，促进形成强大国内市场，旨在释放我国国内市场的巨大潜力。

大国经济的第二个显著特征和优势是拥有全球最完整、规模最大的工业体系。我国拥有1亿多市场主体和1.7亿多受过高等教育或拥有各类专业技能的人力资本。畅通国内大循环后，超大市场规模的优势和完整的工业体系就成为提升产业链、价值链、创新链和供应链现代化水平的新优势。

2. 世界工厂优势与国内国际双循环

我国是世界第二大经济体、制造业第一大国、货物贸易第一大国、商品消费第二大国、外资流入第二大国，我国外汇储备连续多年位居世界第一。中国是"世界工厂"，这为我国实现国际国内双循环提供了有利条件。从2010年开始，中国工业产值超过美国。作为"世界工厂"，中国的开放大门只会越开越大。习近平总书记在第三届中国国际进口博览会的主旨演讲中提出了"三个致力于"——致力于合作共赢的共同开放、致力于合作共担的共同开放、致力于合作共治的共同开放。这里的关键词是世界各国"共同开放"。

新发展格局不是封闭的国内循环，而是开放的国内国际双循环。实施扩大内需战略和实行高水平对外开放并不是相互矛盾的，而是相辅相成的。国内循环越顺畅，越能形成对全球资源要素的引力场，越有利于重塑我国国际合作和竞争新优势。新发展格局既强调坚定实施扩大内需战略，又注重国内国际双循环，不是国内经济的单循环，国内循环也是建立在国内统一大市场基础上的大循环，要坚持更高水平的对外开放与新发展格局的更好结合。更高水平的对外开放，既要实施更大范围、更宽领域、更深层次的对外开放，又要建设更高水平开放型经济新体制；既要促进国际合作、实现互利共赢，又要积极参与全球经济治理体系改革。

（二）新发展格局理论的结构性与系统性

新发展格局不仅要畅通产业链循环、市场供求循环，而且要畅通更为复杂的经济社会循环和国内国际双循环，具有事关全局的系统性。受逆全球化、贸易保护主义和新冠肺炎疫情等综合影响，全球产业链供应链持续出现明显的梗阻，一些国家加大吸引海外制造业回归，全球产业链供应链正加速重塑。畅通产业链供应链循环就是要提升我国产业链供应链现代化水平，维护产业链供应链安全。畅通供求市场循环旨在推动产业和消费双升级。一方面，增强消费对经济发展的基础性作用，加快释放新型消费潜力；另一方面，加快发展现代产业体系，推动经济体系优化升级，建设制造强国、质量强国。[1] 畅通经济社会循环是更高层次、更加全面的动态循环，不仅要使劳动力、资本、土地、技术、数据等各类要素畅通流动，而且要解决就业、教育、医疗、养老等民生领域中的短板。经济全球化仍是历史潮流，国际合作共赢符合世界各国的共同利益。新发展格局要求畅通国内国外循环，更好利用国际国内两个市场、两种资源。作为"世界工厂"的中国，越是经济全球化和自由贸易遭遇挫折，我们越是要坚定不移维护和引领经济全球化，推动经济全球化朝着开放、包容、普惠、平衡、共赢的方向发展。

坚持新发展格局与创新驱动发展战略更好结合，增强国民经济高质量发展的动力。科技创新不仅要依靠超大规模的国内市场，而且必须面向世界科技前沿，扩大科技开放合作的步伐将会越迈越大。

坚持新发展格局与完善城市化战略的更好结合，优化区域协调发展布局。把实施扩大内需战略和促进国内国际双循环同优化国土空间布局、推进区域协调发展和新型城镇化紧密结合，更好推进以人为核心的城镇化。

坚持新发展格局与现代产业体系的更好结合。新发展格局将带动我国企业在全球产业链、价值链、创新链的跃升，在全球占据更高位置。坚持扩大内需这个战略基点，以完整内需体系促进创新驱动和高质量供给体系。从以货物贸易为主向货物和服务贸易、数字贸易协调发展转变，从依靠模仿跟随向依靠创新创造转变，从大进大出向优进优出转变。

坚持新发展格局与构建高水平社会主义市场经济体制的更好结合。坚持和完善社会主义基本经济制度，充分发挥市场在资源配置中的决定性作用，更好发挥政府作用，推动有效市场和有为政府更好结合。加快推进有利于提高资源配置效率的改革，激发各类市场主体活力。

---

[1]《中共中央关于制定国民经济和社会发展第十四个五年规划和二〇三五年远景目标的建议》，人民出版社 2020 年版，第 12—15 页。

坚持新发展格局与实行高水平对外开放的更好结合。坚持实施更大范围、更宽领域、更深层次对外开放，推动贸易和投资自由化便利化，推进贸易创新发展，推动共建"一带一路"高质量发展，建设更高水平开放型经济新体制。

坚持新发展格局与改善人民生活品质的更好结合。新发展格局要把实现好、维护好、发展好最广大人民根本利益作为发展的出发点和落脚点。通过提高供给体系质量、推动绿色发展，满足人民群众个性化、多元化、差异化需求。

（三）构建新发展格局对"两大布局"的新要求

1. 在供给侧强化国家战略科技力量、增强产业链供应链自主可控能力

无论是党的十九届五中全会，还是当年的中央经济工作会议，都把科技创新放在突出的重要位置。强化国家战略科技力量和增强产业链供应链自主可控能力，提升供给体系质量，有利于夯实新发展格局的基础。

要瞄准人工智能、量子信息、集成电路、生命健康、脑科学、生物育种、空天科技、深地深海等前沿领域，发挥新型举国体制优势，着力解决制约国家发展和安全的重大难题，推动科研力量优化配置和资源共享。制定实施基础研究十年行动方案，重点布局一批基础学科研究中心。发挥企业在科技创新中的主体作用，支持领军企业组建创新联合体。完善激励机制和科技评价机制，落实好攻关任务"揭榜挂帅"等机制。实施好关键核心技术攻关工程，尽快解决一批"卡脖子"问题。实施好产业基础再造工程。加强顶层设计、应用牵引、整机带动，强化共性技术供给，深入实施质量提升行动。

以保障粮食安全和解决好耕地、能源问题为抓手，保障基础性供给的可控。保障粮食安全，落实藏粮于地、藏粮于技战略；加强种子资源保护和利用，尤其是种子库建设。[1] 牢牢守住18亿亩耕地红线，坚决遏制耕地"非农化"、防

---

[1]《中央经济工作会议在北京举行》,《人民日报》2020 年 12 月 19 日。

止"非粮化",[1] 规范耕地占补平衡,建设国家粮食安全产业带。

在供给侧的宏观经济治理上,继续实施积极的财政政策和稳健的货币政策相互协调的调控体系,不急转弯。[2] 积极的财政政策要提质增效、更可持续,保持适度支出强度,增强国家重大战略任务财力保障,在促进科技创新、加快经济结构调整、调节收入分配上主动作为。稳健的货币政策要灵活精准、合理适度,保持货币供应量和社会融资规模增速同名义经济增速基本匹配,处理好恢复经济和防范风险之间的关系。

2. 在需求侧扩大内需以形成强大国内市场

在消费需求上,坚持扩大内需这个战略基点,形成强大国内市场。一方面,以促进就业、完善社保、优化收入分配结构、扩大中等收入群体和扎实推进共同富裕为突破口扩大消费,尤其要构建居民可支配收入持续增长的长效机制;完善按要素分配政策制度,健全各类生产要素由市场决定报酬的机制,探索通过土地、资本等要素的使用权、收益权,增加中低收入群体要素收入。合理增加公共消费,提高教育、医疗、养老、育幼等公共服务支出效率,在合理引导消费、储蓄、投资等方面进行有效制度安排。另一方面,要把扩大消费同改善人民生活品质结合起来,尤其是要解决好大城市住房突出问题,坚持住房"只住不炒"的基本定位,促进房地产市场平稳健康发展,[3] 在保障性租赁住房建设、加快完善长租房政策等方面增加制度供给。

在投资需求上,切实增强投资增长后劲,形成市场主导的投资内生增长机制,发挥中央预算内投资的外溢效应和乘数效应,尤其是数字经济、新型基础设施投资、制造业设备更新和技术改造投资等重点领域。紧盯战略性新兴产业的投资,一是加快壮大新一代信息技术、生物技术、新能源、新材料、高端装

---

[1][2][3]《中央经济工作会议在北京举行》,《人民日报》2020年12月19日。

备、新能源汽车、绿色环保以及航空航天、海洋装备等新兴产业;二是加快发展现代服务业;三是发展数字经济,推进数字产业化和产业数字化,推动数字经济和实体经济深度融合。[1]

3. 全面推进改革开放的系统集成

全面推进改革开放的系统集成是构建新发展格局的重要支撑。2020 年中央经济工作会议强调,"更加注重以深化改革开放增强发展内生动力,在一些关键点上发力见效,起到牵一发而动全身的效果"[2];"要以满足国内需求为基本立足点,把实施扩大内需战略同深化供给侧结构性改革有机结合起来,着力提升供给体系对国内需求的适配性,形成需求牵引供给、供给创造需求的更高水平动态平衡"[3]。

(1) 构建高水平社会主义市场经济体制。深入实施国企改革三年行动计划,优化民营经济发展环境,健全现代企业制度,完善公司治理,以要素市场体制机制改革为重点激发各类市场主体活力。强化反垄断和防止资本无序扩张。支持平台企业创新发展、增强国际竞争力,健全数字规则,在审慎监管的前提下进行金融创新。在适应新发展阶段、贯彻新发展理念、构建新发展格局中合理把握宏观调控节奏和力度,促进经济运行保持在合理区间。持续优化市场化法治化国际化营商环境,形成高效规范、公平竞争的国内统一市场,实施统一的市场准入负面清单制度。

(2) 实行高水平对外开放,以制度型开放推动改革和开放相互促进。由商品和要素流动型开放向规则标准等制度型开放转变,意味着更深领域、更加

---

[1]《中共中央关于制定国民经济和社会发展第十四个五年规划和二〇三五年远景目标的建议》,人民出版社 2020 年版,第 14—15 页。

[2]《把握重点任务加快构建新发展格局》,《人民日报》2020 年 12 月 24 日。

[3] 习近平:《论把握新发展阶段、贯彻新发展理念、构建新发展格局》,中央文献出版社 2021 年版,第 14 页。

全面、更加系统的改革开放，尤其是在中国正式加入全球最大的自贸区 RCEP（区域全面经济伙伴关系协定）和积极考虑加入 CPTPP（全面与进步跨太平洋伙伴关系协定）的背景下，中国的对外开放要有更高水平的提升。基于中国与东亚地区产业链的区域化网络特征，要充分利用 RCEP 的高水平对外开放的平台，促进中国与区域内各经济体的商品、服务和各类要素自由流动，加速产业链、供应链深度融合，推动中国对接国际经贸规则。最近 10 年来，全球双边或区域自由贸易协定加速重构国际经贸新规则，高标准国际经贸新规则和新议题不断涌现，呈现出开放政策制度由边境向腹地延伸、开放政策制度体系的系统集成程度更高、开放政策制度由标准化向定制化转变等新的特征和趋势。我国要在国际经贸规则重构中争取主动，需要从国内制度层面进行系统性改革，推动改革开放全面深化。

第四章

"两大布局"的动力理论

"改革开放是我们党的一次伟大觉醒，正是这个伟大觉醒孕育了我们党从理论到实践的伟大创造。改革开放是中国人民和中华民族发展史上一次伟大革命，正是这个伟大革命推动了中国特色社会主义事业的伟大飞跃！"[1]"五位一体"总体布局和"四个全面"战略布局实施的动力在于坚持全面深化改革和全面开放。改革开放是当代中国最鲜明的特色，也是当代中国共产党人最鲜明的品格。没有改革开放，就没有中国特色社会主义，就没有今天中国式现代化成就。"改革开放最主要的成果是开创和发展了中国特色社会主义，为社会主义现代化建设提供了强大动力和有力保障。"[2]党的十八大以来，以习近平同志为核心的党中央高举改革开放旗帜，弘扬改革开放精神，坚持全面深化改革和全面开放，推动改革开放理论和实践取得重大突破，开创了中国特色社会主义新时代。

中国进行改革开放，其实质是要从根本上改变束缚生产力发展和社会进步的各种具体制度，以适应社会主义现代化建设的需要。无论从改革开放在解放生产力和发展生产力方面所起的巨大历史作用看，还是从引起我国社会关系和社会生活变革的深度和广度看，都可以说"改革开放是中国人民和中华民族

---

[1] 习近平：《在庆祝改革开放四十周年大会上的讲话》，人民出版社 2018 年版，第 4 页。

[2] 《中共中央关于全面深化改革若干重大问题的决定》，载《十八大以来重要文献选编》（上），中央文献出版社 2014 年版，第 511 页。

发展史上一次伟大革命，正是这个伟大革命推动了中国特色社会主义事业的伟大飞跃"[1]。改革开放造就了中国奇迹，其中的规律性成果集中体现为两点。一是"关键一招"论。习近平总书记深刻指出："改革开放是决定当代中国命运的关键一招，也是决定实现'两个一百年'奋斗目标、实现中华民族伟大复兴的关键一招。"[2] "改革开放是当代中国发展进步的活力之源，是我们党和人民大踏步赶上时代前进步伐的重要法宝，是坚持和发展中国特色社会主义的必由之路。"[3] 二是"正确道路"论。习近平总书记指出："我们的改革开放是有方向、有立场、有原则的。我们当然要高举改革旗帜，但我们的改革是在中国特色社会主义道路上不断前进的改革，既不走封闭僵化的老路，也不走改旗易帜的邪路。"[4]

一、改革开放的"关键一招"论

（一）决定当代中国命运的关键一招

"如果现在再不实行改革，我们的现代化事业和社会主义事业就会被葬送。"[5] 党的十一届三中全会顺应党心民心和时代潮流，果断作出把党和国家的工作重点转移到社会主义现代化建设上来和实行改革开放的重大决策。由此，从农村到城市、从经济领域到其他各个领域，全面改革的进程势不可挡地展开；从沿海到沿江沿边，从东部到中西部，对外开放的大门越开越大。邓小平同志在 20 世纪 80 年代鲜明指出："我们要赶上时代，这是改革要达到的目

---

[1] 习近平：《在庆祝改革开放四十周年大会上的讲话》，人民出版社 2018 年版，第 4 页。
[2] 习近平：《论坚持全面深化改革》，中央文献出版社 2018 年版，第 2 页。
[3] 习近平：《论中国共产党历史》，中央文献出版社 2021 年版，第 190 页。
[4] 《习近平关于全面深化改革论述摘编》，中央文献出版社 2014 年版，第 14 页。
[5] 《邓小平文选》第 2 卷，人民出版社 1994 年版，第 150 页。

的。"[1]"改革开放是党和人民大踏步赶上时代的重要法宝。"[2]以经济建设为中心的改革从农村开始，历经家庭联产承包、乡镇企业异军突起、土地"三权"分置、脱贫攻坚战、乡村振兴战略，再到城市的国营大中小企业改革、发展个体私营经济、深化国企改革；从传统的计划经济体制到前无古人的社会主义市场经济体制；从以经济体制改革为主到全面深化经济、政治、文化、社会、生态文明体制和党的建设制度改革。创造性改革使得生产关系更加适应生产力的发展，极大激发了全社会的创造力和活力。开放则是从兴办经济特区开始，历经沿海沿边沿江沿线和内陆中心城市对外开放，到加入世界贸易组织，再到共建"一带一路"、设立自由贸易试验区、建设中国特色自由贸易港、举办中国国际进口博览会、实施外商投资法、签署区域全面经济伙伴关系协定等支撑的全面开放新格局。

赶上时代首先就是体现在物质文明建设上。1978 年，我国的 GDP 总量只有 3679 亿元，城镇居民人均可支配收入仅有 343 元；到 2010 年，我国 GDP 总量跃升到 41.2 万亿元，超过日本成为世界第二大经济体，人均 GDP 达到 3 万余元；到 2019 年 GDP 总量超过 99 万亿元，人均 GDP 超过 1 万美元；到 2020 年，GDP 总量超过 100 万亿元。改革开放 40 多年来，我国 GDP 年均实际增长超过 9%，远高于同期世界经济 2.9% 左右的年均增速。改革开放是坚持和发展中国特色社会主义的必由之路，[3]中国在改革开放中走出了一条发展中国家实现现代化的新路。从历史上看，发展中国家的现代化方案大多是依据西方发达国家的经验设计出来的。根据世界银行的统计，在 1960—2008 年间，世界上先后有 101 个经济体进入中等收入阶段，但最终只有 13 个实现了向高收入经济体的跨越，绝大多数国家和绝大多数人口并没有通过西方现代化模式摆脱

---

[1]《邓小平文选》第 3 卷，人民出版社 1993 年版，第 242 页。
[2][3] 习近平：《在庆祝改革开放四十周年大会上的讲话》，人民出版社 2018 年版，第 19 页。

贫困。[1] 中国在改革开放中探索出的适合中国国情的现代化道路，拓展了发展中国家走向现代化的途径。"我国主要农产品产量跃居世界前列，建立了全世界最完整的现代工业体系，科技创新和重大工程捷报频传"。"现在，我国是世界第二大经济体、制造业第一大国、货物贸易第一大国、商品消费第二大国、外资流入第二大国，我国外汇储备连续多年位居世界第一。"[2] 迈入了世界创新型国家行列，"在载人航天、探月工程、深海工程、超级计算、量子信息、'复兴号'高速列车、大飞机制造等领域取得一批重大科技成果"[3]。

赶上时代还要体现在政治文明、精神文明、社会文明、生态文明建设上。改革开放以来，我们始终坚持中国特色社会主义政治发展道路，具体改革路径包括："深化政治体制改革，发展社会主义民主政治，党和国家领导体制日益完善，全面依法治国深入推进，中国特色社会主义法律体系日益健全，人民当家作主的制度保障和法治保障更加有力。"[4] "走自己的道路，建设有中国特色的社会主义，坚持和发展中国特色社会主义，成为改革开放以来党全部理论和实践的主题。"我们一直强调物质文明与精神文明两手抓、两手都要硬，聚焦"坚持发展社会主义先进文化"这个目标进行改革：传承和弘扬中华优秀传统文化，培育和践行社会主义核心价值观，大力提升国家文化软实力和中华文化影响力，[5] 不断提高人民思想道德素质、科学文化素质和身心健康素质，建立和健全公共文化服务体系和文化产业体系。始终坚持在发展中保障和改善民生。全国居民人均可支配收入由 171 元增加到目前的超过 3 万元，中等收入群体人数达

---

[1]《习近平新时代中国特色社会主义思想基本问题》，人民出版社、中共中央党校出版社 2020 年版，第 169 页。

[2] 习近平：《在庆祝改革开放四十周年大会上的讲话》，人民出版社 2018 年版，第 11—12 页。

[3]《中华人民共和国国民经济和社会发展第十四个五年规划和 2035 年远景目标纲要》，人民出版社 2021 年版，第 2 页。

[4] 习近平：《在庆祝改革开放四十周年大会上的讲话》，人民出版社 2018 年版，第 12 页。

[5] 同上书，第 13 页。

到 4 亿并进一步扩大，7.7 亿多人脱贫，困扰中华民族几千年的绝对贫困问题得到了历史性解决，创造了人类减贫史上的奇迹；建成了包括养老、医疗、低保、住房在内的世界最大的社会保障体系。40 多年来，我们始终坚持保护环境和节约资源，坚持推进生态文明建设，加快构建生态文明制度体系，[1] 人与自然和谐共生的发展格局加快形成，绿水青山就是金山银山的理念深入人心。

（二）决定实现"两个一百年"奋斗目标、实现中华民族伟大复兴的关键一招：从改革开放到全面深化改革

改革开放是开辟中国特色社会主义道路的逻辑起点，又是不断拓展这一道路的强大动力；改革开放是形成和发展中国特色社会主义理论体系的实践源泉，又是不断完善这一理论体系的实践基础。党的十八届三中全会开始的全面深化改革把党的十一届三中全会开启的改革开放推进到了一个新的阶段，旨在决胜全面建成小康社会，并实现第一个百年奋斗目标之后，乘势而上开启全面建设社会主义现代化国家新征程、向第二个百年奋斗目标进军。[2]

改革开放从党的十一届三中全会算起，坚持先易后难、循序渐进，到党的十八大召开，已经走过了 30 多个年头。党的十八大之后，中国改革进入攻坚期和深水区，"可以说，容易的、皆大欢喜的改革已经完成了，好吃的肉都吃掉了，剩下的都是难啃的硬骨头"[3]。着眼于"两个一百年"奋斗目标，党的十八届三中全会提出全面深化改革的总目标是完善和发展中国特色社会主义制度、推进国家治理体系和治理能力现代化。这个总目标，回应了改革进程向前拓展提出的客观要求，体现了党对改革认识的深化和系统化，是党的理论创新进程中一个重大突破。"我们讲过很多现代化，包括农业现代化、工业现代化、科技

---

［1］ 习近平：《在庆祝改革开放四十周年大会上的讲话》，人民出版社 2018 年版，第 14 页。

［2］《中国共产党第十九次全国代表大会文件汇编》，人民出版社 2017 年版，第 9 页。

［3］《习近平谈治国理政》第 1 卷，外文出版社 2014 年版，第 101 页。

现代化、国防现代化等，国家治理体系和治理能力现代化是第一次讲。"[1] 全面深化改革的路线图，就是围绕"两大布局"，突出了改革的全面性和发展的完整性，明确了经济、政治、文化、社会、生态各领域改革的重点。到"十三五"收官之时，"各方面共推出 2485 个改革方案，覆盖政治、经济、文化、社会、法治等各个领域，涉及衣、食、住、行、教育、医疗、养老等各个环节"[2]。党中央统筹推进经济、政治、文化、社会、生态文明等各领域体制机制改革，涉及范围之广、出台方案之多、推进力度之大前所未有。全面深化改革是一场人民广泛参与的深刻变革。"党中央以前所未有的决心和力度冲破思想观念的束缚、突破利益固化的藩篱，推动许多领域实现历史性变革、系统性重塑、整体性重构。"[3] 和以前的改革相比，"发展中的问题，已经不仅仅是经济层面的问题，必须在更多领域、更深层次冲破利益固化的藩篱"，必须全面推进经济、政治、文化、社会、生态文明、党的建设等多领域改革，制度建设向更深层次挺进、更广范围拓展。"从前期夯基垒台、立柱架梁，到中期全面推进、积厚成势，再到现阶段加强系统集成、协同高效。"[4]"新时代改革开放具有许多新的内涵和特点，其中很重要的一点就是制度建设分量更重，改革更多面对的是深层次体制机制问题，对改革顶层设计的要求更高，对改革的系统性、整体性、协同性要求更强，相应地建章立制、构建体系的任务更重。"[5]"摆在我们面前的一项重大历史任务，就是推动中国特色社会主义制度更加成熟更加定型，为党和国家事业发展为人民幸福安康、为社会和谐稳定、为国家长治久安提供一整套更完备、更稳定、更管用的制度体系。"[6] 国家治理体系是在党领导下管理国

---

[1]《习近平关于全面深化改革论述摘编》，中央文献出版社 2014 年版，第 26 页。

[2][3][4]《新时代的伟大变革——党的十八届三中全会以来以习近平同志为核心的党中央推进全面深化改革纪实》，新华社 2021 年 3 月 18 日。

[5] 习近平：《关于〈中共中央关于坚持和完善中国特色社会主义制度推进国家治理体系和治理能力现代化若干重大问题的决定〉的说明》，新华社 2019 年 11 月 5 日。

[6]《习近平谈治国理政》第 1 卷，外文出版社 2014 年版，第 104—105 页。

家的制度体系，包括经济、政治、文化、社会、生态文明和党的建设等各领域体制机制；国家治理能力则是运用国家制度管理社会各方面事务的能力。国家治理体系和治理能力是一个有机整体。从 2013 年党的十八届三中全会到 2020 年，7 年多的时间里，"党的十八届三中全会提出的改革目标任务总体如期完成"[1]。

全面深化改革的具体路径就是党的十八届三中全会提出的"六个紧紧围绕"，[2] 始终突出制度建设这条主线，不断健全制度框架，完善基本制度、创新重要制度。在经济领域的深化改革上，以使市场在资源配置中起决定性作用深化经济体制改革为主线，推动经济更有效率、更加公平、更可持续发展。"全面深化改革，必须立足于我国长期处于社会主义初级阶段这个最大实际，坚持发展仍是解决我国所有问题的关键这个重大战略判断，以经济建设为中心。"[3] "在全面深化改革中，我们要坚持以经济体制改革为主轴，努力在重要领域和关键环节改革上取得新突破，以此牵引和带动其他领域改革，使各方面改革协同推进、形成合力，而不是各自为政、分散用力。"[4] 全面深化改革要坚持以经济体制改革为重点，而经济体制改革的核心问题是处理好政府和市场的关系，使市场在资源配置中起决定性作用和更好发挥政府作用。社会主义市场经济体制的健全完善驶入"快车道"，例如，首次以中央文件形式依法保护产权、弘扬企业家精神，实施全国统一的市场准入负面清单制度，要素市场化改革全面推进，"放管服"改革持续深入，从《外商投资法》颁布实施到《优化营商环境条例》公布。党的十九届四中全会的重大理论创新就是：公有制为主体、多种所有制

---

[1] 《新时代的伟大变革——党的十八届三中全会以来以习近平同志为核心的党中央推进全面深化改革纪实》，新华社 2021 年 3 月 18 日。

[2] 《中共中央关于全面深化改革若干重大问题的决定》，载《十八大以来重要文献选编》（上），中央文献出版社 2014 年版，第 512—513 页。

[3] 同上书，第 513 页。

[4] 《习近平关于全面深化改革论述摘编》，中央文献出版社 2014 年版，第 61 页。

经济共同发展，按劳分配为主体、多种分配方式并存，社会主义市场经济体制，一道构成了社会主义基本经济制度。[1]

在政治领域的深化改革上，以党的领导、人民当家作主、依法治国有机统一深化政治体制改革为主线，推动更加广泛、更加充分、更加健全的人民民主。一方面，加强社会主义民主政治制度建设，例如，推动人民代表大会制度与时俱进，推进协商民主广泛多层制度化发展，畅通民主渠道，健全基层选举、议事、公开、述职、问责等机制；另一方面，推进法治中国建设，例如，深化行政执法体制改革，健全司法权力运行机制，完善人权司法保障制度，强化权力运行制约和监督体系，[2] 让人民群众在每一个司法案件中都感受到公平正义。例如，深化党和国家机构改革就是一次全面深化改革的战略性战役，"在中央和国家机关层面就涉及180多万人，新组建党中央决策议事协调机构3个、更名4个，组建和重新组建部级机构25个，调整优化领导管理体制和职责部级机构31个"[3]。

在文化领域的深化改革上，以建设社会主义核心价值体系、社会主义文化强国深化文化体制改革为主线。培育和践行社会主义核心价值观，巩固马克思主义在意识形态领域的指导地位；坚持政府主导、企业主体、市场运作、社会参与，完善文化管理体制，建立健全现代文化市场体系，构建现代公共文化服务体系，提高文化开放水平。[4]

［1］《中共中央关于坚持和完善中国特色社会主义制度推进国家治理体系和治理能力现代化若干重大问题的决定》，人民出版社 2019 年版，第 18—22 页。
［2］《中共中央关于全面深化改革若干重大问题的决定》，载《十八大以来重要文献选编》（上），中央文献出版社 2014 年版，第 531 页。
［3］《新时代的伟大变革——党的十八届三中全会以来以习近平同志为核心的党中央推进全面深化改革纪实》，新华社 2021 年 3 月 18 日。
［4］《中共中央关于全面深化改革若干重大问题的决定》，载《十八大以来重要文献选编》（上），中央文献出版社 2014 年版，第 533—535 页。

在社会领域的深化改革上，以更好保障和改善民生、促进社会公平正义深化社会体制改革为主线。"老百姓关心什么、期盼什么，改革就要抓住什么、推进什么，通过改革给人民群众带来更多获得感。"[1] 例如，8 年间，近 1 亿农村贫困人口脱贫，这也是依托制度建设优势，建立了脱贫攻坚责任体系，五级书记抓扶贫，形成了精准扶贫工作机制、驻村帮扶工作机制，常年保持 25 万个驻村工作队、近 100 万干部在岗。再如，历史遗留的"黑户"问题彻底解决，1500余万无户口人员获得保障；《"健康中国 2030"规划纲要》发布，开辟了一条符合我国国情的卫生与健康发展道路。

在生态领域的深化改革上，以建设美丽中国深化生态文明体制改革为主线。在党中央"一盘棋"部署下加快建立生态文明制度，《关于加快推进生态文明建设的意见》和《生态文明体制改革总体方案》形成了生态文明体制的纲领性制度。

全面深化改革是一场国家治理体系和治理能力现代化的深刻变革，国防和军队改革纳入全面深化改革的总体布局。由此，中国改革开放步入全新境界。如果说，40 多年前开启的改革开放，是我们党的一次伟大觉醒，那么，"站在新的历史起点上，新时代中国共产党人引领的全面深化改革，进一步将这场伟大觉醒引向更高境界，谋划着国家制度和治理体系现代化的大棋局"[2]。

（三）全面开放也是全面深化改革

对外开放是中国的基本国策。全面改革意味着必须坚持全面开放，开放即改革。党的十八大以来，对外开放面临的环境发生了深刻变化。当今世界正经历百年未有之大变局，国际环境日趋复杂，不稳定性不确定性明显增加，经济全球化遭遇逆流，世界进入动荡变革期；从国内环境看，我国已转向高质量发

---

[1][2]《新时代的伟大变革——党的十八届三中全会以来以习近平同志为核心的党中央推进全面深化改革纪实》，新华社 2021 年 3 月 18 日。

展阶段，继续发展具有多方面优势和条件，同时我国发展不平衡不充分问题仍然突出。然而，"中国推动更高水平开放的脚步不会停滞！中国推动建设开放型世界经济的脚步不会停滞！中国推动构建人类命运共同体的脚步不会停滞"[1]。

1. 全面开放理论

"世界经济的大海，你要还是不要，都在那儿，是回避不了的。想人为切断各国经济的资金流、技术流、产品流、产业流、人员流，让世界经济的大海退回到一个一个孤立的小湖泊、小河流，是不可能的，也是不符合历史潮流的。"[2] 以开放促改革、促发展，是我国发展不断取得新成就的重要法宝。改革不停顿，开放不止步。习近平总书记郑重宣示："中国开放的大门不会关闭，只会越开越大。"[3] 这对于作为世界工厂的中国而言更加重要。党的十八大以来，中国日益形成陆海内外联动、东西双向互济的全面开放格局，从统筹推进 21 个自贸试验区建设到高质量高标准建设海南自由贸易港，从"一带一路"建设到构建人类命运共同体，从开创性的进博会到规模盛大的服贸会，从颁布实施外商投资法到签署区域全面经济伙伴关系协定（RCEP），再到谋划加入全面与进步跨太平洋伙伴关系协定（CPTPP），从市场型开放转向制度型开放，在全面开放的基础上提高开放型经济水平，中国在开放发展中争取战略主动。

全面开放既要促进国际合作、实现互利共赢，又要积极参与全球经济治理体系改革。中国要促进国际合作、实现互利共赢，既要依托我国超大市场规模优势，又要加强制度性、结构性安排，为世界经济的创新增长注入新动力。一是实行高水平的贸易和投资自由化便利化政策，全面实行准入前国民待遇加负

---

[1][3] 习近平：《论坚持全面深化改革》，中央文献出版社 2018 年版，第 495 页。
[2]《习近平在世界经济论坛 2017 年年会开幕式上的主旨演讲》，《人民日报》2017 年 1 月18 日。

面清单管理制度，更广领域扩大外资市场准入，扩大服务业对外开放；二是赋予自由贸易试验区更大改革自主权，高标准建设自由贸易港；三是更大力度加强知识产权保护国际合作，保护外商投资合法权益，以及更加有效实施国际宏观经济政策协调。[1]"中国是世界第二大经济体……中国经济是一片大海，而不是一个小池塘……狂风骤雨可以掀翻小池塘，但不能掀翻大海。"[2] 开放历来都是双向的、互利的，开放合作是增强世界经济活力的重要动力，互利共赢是中国奉行的开放战略。

2. 高水平开放理论

高水平对外开放的主要目标是"更高水平开放型经济新体制的形成"，具体措施包括"实施更大范围、更宽领域、更深层次对外开放"，"推动贸易和投资自由化便利化，推进贸易创新发展"，"推动共建'一带一路'高质量发展"，"积极参与全球经济治理体系改革"，等等。[3]

随着我国进入新发展阶段，贯彻新发展理念，构建新发展格局，对外开放的步子会越迈越大。高水平对外开放要与创新驱动发展战略更好结合，增强国民经济高质量发展的动力。要把实施扩大内需战略同高水平对外开放紧密结合，通过高水平对内开放优化国土空间布局，推进区域协调发展和新型城镇化；通过高水平对外开放带动我国企业在全球产业链、价值链、创新链的跃升，在全球迈向更高位置。要与现代产业体系更好结合，制造强国、质量强国、数字中国都需要高水平开放体制的支撑，从以货物贸易为主向货物和服务贸易、数字贸易协调发展转变，从依靠模仿跟随向依靠创新创造转变，从"大进大出"向

---

[1] 习近平：《齐心开创共建"一带一路"美好未来——第二届"一带一路"国际合作高峰论坛开幕式主旨演讲》，《人民日报》2019年4月26日。

[2] 习近平：《论坚持全面深化改革》，中央文献出版社2018年版，第498—499页。

[3]《中共中央关于制定国民经济和社会发展第十四个五年规划和二○三五年远景目标的建议》，人民出版社2020年版，第30—31页。

"优进优出"转变。要与改善人民生活品质更好结合。"中国主动扩大进口，不是权宜之计，而是面向世界、面向未来、促进共同发展的长远考量。"[1] 我国进入了消费驱动增长的新发展阶段，消费结构加快升级，中等收入群体不断扩大，需要通过提高供给体系质量、合理扩大高品质消费品和服务进口，满足人民群众个性化、多元化、差异化需求。

高水平的对外开放，在推动中国开放型经济加快由要素驱动向创新驱动转变、由规模速度型向质量效益型转变，并形成面向全球的贸易、投融资、生产、服务网络的同时，又让世界共享中国的开放，为全球提供包容互惠发展的公共产品，积极参与全球经济治理体系改革。"中国对外开放，不是要一家唱独角戏，而是要欢迎各方共同参与；不是要谋求势力范围，而是要支持各国共同发展；不是要营造自己的后花园，而是要建设各国共享的百花园。"[2] 在支持多边贸易体制上，积极参与世界贸易组织改革，积极参与服务贸易协定等多边与双边谈判，推动完善更加公正合理的全球经济治理体系。在促进自由贸易区建设上，逐步构筑起立足周边、面向全球的高标准自由贸易区网络。在推动共建"一带一路"高质量发展上，致力于打造政策沟通、设施联通、贸易畅通、资金融通、民心相通的国际合作新平台，将"一带一路"建成和平之路、繁荣之路、开放之路、创新之路、文明之路。[3] 在新的发展阶段，全面开放要同贯彻新发展理念、构建新发展格局紧密相连，向更深层次的开放，如制度型开放挺进。

---

[1] 习近平：《论坚持全面深化改革》，中央文献出版社 2018 年版，第 495 页。

[2] 《习近平谈治国理政》第 2 卷，外文出版社 2017 年版，第 42 页。

[3] 《习近平新时代中国特色社会主义思想基本问题》，人民出版社、中共中央党校出版社 2020 年版，第 185—186 页。

二、改革开放的"正确道路"论

（一）坚持和发展中国特色社会主义：改革开放全部理论和实践的主题

习近平总书记指出："推进改革的目的是要不断推进我国社会主义制度自我完善和发展，赋予社会主义新的生机活力。这里面最核心的是坚持和改善党的领导、坚持和完善中国特色社会主义制度，偏离了这一条，那就南辕北辙了。"[1] 改革开放 40 多年来最主要的成果是开创和发展了中国特色社会主义，为社会主义现代化建设提供了强大动力和有力保障。"改什么、怎么改必须以是否符合完善和发展中国特色社会主义制度、推进国家治理体系和治理能力现代化的总目标为根本尺度"[2]，"扭住完善和发展中国特色社会主义制度这个关键，为解放和发展社会生产力、解放和增强社会活力、永葆党和国家生机活力提供了有力保证"[3]。

在改革开放历史新时期，以邓小平同志为主要代表的中国共产党人"作出把党和国家工作中心转移到经济建设上来、实行改革开放的历史性决策，深刻揭示社会主义本质，确立社会主义初级阶段基本路线，明确提出走自己的路、建设中国特色社会主义，科学回答了建设中国特色社会主义的一系列基本问题，成功开创了中国特色社会主义"[4]。以江泽民同志为主要代表的中国共产党人，形成了"三个代表"重要思想，"确立了社会主义市场经济体制的改革目标和基本框架，确立了社会主义初级阶段的基本经济制度和分配制度，成功把中国特色社会主义推向二十一世纪"[5]。以胡锦涛同志为主要代表的中国共产党人，在全面建设小康社会进程中推进实践创新、理论创新、制度创新，形成了科学发

---

[1] 习近平：《论坚持党对一切工作的领导》，中共文献出版社 2019 年版，第 29 页。
[2] 习近平：《在庆祝改革开放四十周年大会上的讲话》，人民出版社 2018 年版，第 25 页。
[3] 同上书，第 26 页。
[4] 同上书，第 16 页。
[5] 同上书，第 6 页。

展观，强调坚持以人为本、全面协调可持续发展，"形成中国特色社会主义事业总体布局"，"成功在新的历史起点上坚持和发展了中国特色社会主义"[1]。

党的十八大以来，以习近平同志为核心的党中央准确把握中国特色社会主义的历史新方位、时代新变化、实践新要求，统筹推进经济建设、政治建设、文化建设、社会建设、生态文明建设"五位一体"总体布局，协调推进全面建成小康社会（党的十九届五中全会以后是全面建设社会主义现代化国家）、全面深化改革、全面依法治国、全面从严治党"四个全面"战略布局，形成了新时代中国特色社会主义思想，统揽伟大斗争、伟大工程、伟大事业、伟大梦想，推动中国特色社会主义进入了新时代，全面深化改革，推动高质量发展，如期实现了第一个百年目标，开启了全面建设社会主义现代化国家的新征程。

从改革开放到全面深化改革，伟大实践孕育了"两大布局"理论，理论通过指导实践又形成了丰富的现代化发展经验。全面深化改革开放是坚持和发展中国特色社会主义的必由之路。习近平在庆祝改革开放40周年大会上的讲话强调的"九个必须"实际上就是"两大布局"。[2]在经济建设上，必须坚持以发展为第一要务，必须坚持扩大开放，不断增强我国综合国力，为全面建成社会现代化国家奠定雄厚的物质基础。在政治建设上，必须坚持党对一切工作的领导，必须坚持走中国特色社会主义道路，必须坚持完善和发展中国特色社会主义制度，必须坚持全面从严治党。在社会建设上，必须坚持以人民为中心，不断实现人民对美好生活的向往，必须坚持辩证唯物主义和历史唯物主义世界观和方法论，正确处理改革发展稳定关系，完善中国特色社会主义法律体系。在文化建设上，必须坚持马克思主义指导地位，发展社会主义先进文化，践行社会主义核心价值观。在生态文明上，加强生态文明制度建设，实行最严格的生态环

---

[1] 习近平：《在庆祝改革开放四十周年大会上的讲话》，人民出版社2018年版，第7页。
[2] 同上书，第20—34页。

境保护制度。

总之，推进改革开放和中国特色社会主义事业，与建立中国共产党、成立中华人民共和国一道，被视为是"五四运动以来我国发生的三大历史性事件，是近代以来实现中华民族伟大复兴的三大里程碑"[1]。改革开放"成功开辟了中国特色社会主义道路"，"形成中国特色社会主义理论体系，实现了马克思主义中国化新的飞跃"，"开创中国特色社会主义新时代"[2]。"当代中国的伟大社会变革，不是简单延续我国历史文化的母版，不是简单套用马克思主义经典作家设想的模板，不是其他国家社会主义实践的再版，也不是国外现代化发展的翻版。"[3]中国特色社会主义道路既坚持以经济建设为中心，又全面推进经济、政治、文化、社会、生态文明建设及其他各方面建设；既坚持四项基本原则，又坚持改革开放；既不断解放和发展社会生产力，又追求人的全面发展，逐步实现全体人民共同富裕。

（二）以全面深化改革完善和发展中国特色社会主义制度

党的十八届三中全会确立了全面深化改革的总目标，即完善和发展中国特色社会主义制度、推进国家治理体系和治理能力现代化。全面深化改革坚持"以经济建设为中心，发挥经济体制改革牵引作用，推动生产关系同生产力、上层建筑同经济基础相适应"，"更加注重改革的系统性、整体性、协同性，加快发展社会主义市场经济、民主政治、先进文化、和谐社会、生态文明，让一切劳动、知识、技术、管理、资本的活力竞相迸发，让一切创造社会财富的源泉充分涌流，让发展成果更多更公平惠及全体人民"[4]。

---

[1] 习近平：《在庆祝改革开放四十周年大会上的讲话》，人民出版社 2018 年版，第 4 页。
[2]《中共中央关于党的百年奋斗重大成就和历史经验的决议》，人民出版社 2021 年版，第 26 页。
[3] 习近平：《论党的宣传思想工作》，中央文献出版社 2020 年版，第 232 页。
[4]《中共中央关于全面深化改革若干重大问题的决定》，载《十八大以来重要文献选编》（上），中央文献出版社 2014 年版，第 512 页。

自党的十八届三中全会到 2020 年底，7 年多来，各方面共推出 2485 个改革方案，党中央以前所未有的决心和力度，推动许多领域实现历史性变革、系统性重塑、整体性重构，改革目标任务总体如期完成，全面深化改革取得阶段性胜利，并且创造性提出了全面深化改革的价值取向，突出了改革的全面性和以人民为中心的发展思想。

党的十八大以来，中国经济进入新常态，长期高速增长过程中积累了一系列深层次矛盾，这已不仅仅是经济层面的问题，必须在包括政治、社会、文化、生态等更多领域、更深层次冲破利益固化的藩篱，将改革开放这场伟大觉醒引向更高境界，系统提出了全面深化改革的主攻方向和路线图，深刻回答了各领域改革中具有方向性、全局性、战略性的重大问题。"7 年多来，全面深化改革始终坚持重大制度创新，带动相关领域发生了历史性、转折性、全局性变化。"[1] 例如，社会主义经济体制改革的核心问题是处理"有效市场"和"有为政府"之间的关系，完善和发展社会主义基本经济制度，包括"两个毫不动摇"的所有制制度，按劳分配为主体、多种分配方式并存的分配制度及社会主义市场经济体制；完善和发展人民当家作主制度体系，发展社会主义民主政治；完善和发展社会主义先进文化的制度；完善和发展中国特色社会主义法治体系、建设社会主义法治国家。"历史和现实都告诉我们，只要坚持和完善中国特色社会主义制度、推进国家治理体系和治理能力现代化，善于运用制度力量应对风险挑战冲击，我们就一定能够经受住一次次压力测试，不断化危为机、浴火重生。"[2] 党的十九届四中全会明确了完善和发展中国特色社会主义制度、推进国家治理体系和治理能力现代化的时间表：到我们党成立一百年时，在各方面制

［1］《新时代的伟大变革——党的十八届三中全会以来以习近平同志为核心的党中央推进全面深化改革纪实》，新华社 2021 年 3 月 18 日。

［2］习近平：《在全国抗击新冠肺炎疫情表彰大会上的讲话》，《人民日报》2020 年 9 月 9 日。

度更加成熟更加定型上取得明显成效；到 2035 年，各方面制度更加完善，基本
实现国家治理体系和治理能力现代化；到新中国成立一百年时，全面实现国家
治理体系和治理能力现代化，使中国特色社会主义制度更加巩固、优越性充分
展现。[1]

三、中国式改革的经验与方法论

（一）强制性变迁与诱导性变迁有机结合

中国对计划经济模式的改革是从扩大国有企业自主权和农村家庭联产承包
责任制开始的。[2] 中国经济改革的创新之处就在于采取"增量改革"方法，在
不触动规模庞大的国有经济的前提下，培植市场力量，通过"双轨制"降低改
革的阻力，壮大非公有制经济力量，推动国有经济体制改革。从 20 世纪 80 年
代的扩大国有企业自主权，到 20 世纪 90 年代的国有企业股份制改造和"抓大
放小"改革，到党的十八届五中全会确立了国有企业改革的方向，即健全国有
资本监管体制，优化国有资本布局，发展混合所有制经济，再到 2015 年的中共
中央国务院《关于深化国有企业改革的指导意见》准确界定不同国有企业功能，
分类推进国有企业改革，再到党的十九届四中全会提出的"深化国有企业改革，
完善中国特色现代企业制度，形成以管资本为主的国有资产监管体制"，"增强
国有经济竞争力、创新力、控制力、影响力、抗风险能力，做强做优做大国有
资本"。这些改革相互配合、共同推进的模式使中国的经济体制改革不断取得
成功。

---

[1]《中共中央关于坚持和完善中国特色社会主义制度推进国家治理体系和治理能力现代化若干
重大问题的决定》，人民出版社 2019 年版，第 5—6 页。

[2] 林毅夫、蔡昉、李周：《中国的奇迹：发展战略与经济改革》，上海三联出版社、上海人民出
版社 2012 年版。

市场化改革涉及不同的制度变迁主体，诱导性变迁强调人们在响应制度不均衡导致的获利机会时所进行的自发性变迁，强制性变迁则由政府规章制度所引致的变迁。前者是自下而上的，后者是自上而下的。[1] 中国的改革经验就是将从上而下与从下而上相结合，强制性变迁与诱导性变迁有机统一。"中国共产党领导是中国特色社会主义最本质的特征，是中国特色社会主义制度的最大优势。"[2] 中国经济体制改革具有典型的强制性变迁特征，社会主义市场经济改革又充分发挥了微观主体的创造性，具有诱导性变迁的过程。经济体制改革既离不开党和国家的顶层设计，又要依赖于各地方和部门的丰富实践和先行先试，不少的改革只是对经济实践一种再确认。经济体制改革是"摸着石头过河"，既有自上而下的改革，又有自下而上的创新，强制性变迁与诱导性变迁相互交融。

中国的市场化改革是从国民经济中的某一局部开始突破，再逐步推进到整个经济体系。这个"局部突破"最早就是从微观经营机制的改变开始的。新旧体制在时间和空间上的起承转合，契合了不同部门存在不同的改革时点、程度与速度的客观需求。[3] 我国经济体制改革之所以先在国民经济的局部环节取得突破，不仅因为改革是在社会主义基本制度的前提下进行的，而且因为改革的方法是"摸着石头过河"，需要在不断试验和"试错"中积累经验以便推广。改革的各个局部突破并不是呈零碎状的，而是有建立社会主义市场经济这个顶层设计。尤其是改革进入深水区和攻坚阶段，更需要政府的总揽全局、协调各方作用、破除利益集团干扰，适时启动了全面深化改革。

---

[1] 张宇：《中国经济改革的经验及其理论启示》，中国人民大学出版社 2015 年版，第 141 页。
[2] 习近平：《在庆祝改革开放四十周年大会上的讲话》，人民出版社 2018 年版，第 20 页。
[3] 张宇：《中国经济改革的经验及其理论启示》，中国人民大学出版社 2015 年版，第 144 页。

（二）改革、发展与稳定的协调互促

中国改革开放总设计师邓小平提出的"稳定是压倒一切的"、"发展才是硬道理"，充分说明了发展与稳定在中国改革过程中的重要性。中国的市场化改革与苏联激进改革的一个主要不同之处在于，政府不仅要考虑稳定，而且还要考虑改革、发展与稳定的有机统一，中国在改革过程中摸索出了一条发展与稳定并重的路子。改革、发展与稳定是我国社会主义现代化建设的三个重要支点。

处理好改革、发展与稳定的关系是经济体制改革的基本要求，改革、发展与稳定是相互协调、相互促进的关系：改革是经济社会发展的强大动力，发展是解决一切经济社会问题的关键，稳定是改革发展的前提。[1] 只有改革发展不断推进，社会稳定才能具有坚实基础。只有社会稳定，改革发展才能不断推进；在社会稳定中推进改革和发展，其不仅可以获得新体制带来的改革红利，而且因改革是在社会主义基本制度的前提下进行，向市场经济转轨的阻力相对较小，这在我国既处于发展的重要战略机遇期也处于社会矛盾凸显期时，显得尤为重要。坚持把改革的力度、发展的速度和社会可承受的程度统一起来，在保持社会稳定中推进改革发展，通过改革发展促进社会稳定。把经济增长和国民富裕作为处理改革发展稳定关系的重要结合点。在改革中保持经济的高速增长向中高速增长再向高质量发展转变，使各市场主体增加对改革的信任感，减少推行改革所遇到的阻力。"在整个改革过程中，都要高度重视运用法治思维和法治方式，发挥法治的引领和推动作用，加强对相关立法工作的协调，确保在法治轨道上推进改革。"[2] 因此，处理好改革、发展与稳定的关系，还是离不开全面依法治国。

---

[1]《习近平新时代中国特色社会主义思想基本问题》，人民出版社、中共中央党校出版社 2020 年版，第 194 页。

[2]《习近平关于全面深化改革论述摘编》，中央文献出版社 2014 年版，第 153 页。

以开放促改革，开放即改革，这也是中国改革的重要经验。显然，开放也是处理好改革、发展与稳定关系的重要维度。"经济全球化是社会生产力发展的客观要求和科技进步的必然结果，不是哪些人、哪些国家人为造出来的"，"融入世界经济是历史大方向，中国经济要发展，就要敢于到世界市场的汪洋大海中去游泳"[1]。但我们也要看到，"经济全球化是一把'双刃剑'"，在全球化进程中，增长和分配、资本和劳动、效率和公平的矛盾此起彼伏，正确的选择是"合作应对一切挑战，引导好经济全球化走向"[2]。"中国坚持对外开放基本国策，奉行互利共赢的开放战略，不断提升发展的内外联动性"[3]。这里的内外联动实际上就是以开放促改革。"对外开放是我国的基本国策，任何时候都不能动摇"。"任何关起门来搞建设的想法，任何拒人于千里之外的做法……都是逆历史潮流而动的。"[4] 全面深化改革以来，以开放促改革进入了新的阶段，"推动规则、规制、管理、标准等制度型开放，提供高水平制度供给、高质量产品供给、高效率资金供给，更好参与国际合作和竞争"[5]。

（三）从"摸着石头过河"到"系统性重塑和整体性重构"

习近平总书记指出："改革开放是前无古人的崭新事业，必须坚持正确的方法论，在不断实践探索中推进。"[6]"摸着石头过河"就是摸改革开放的规律，这符合马克思主义认识论和实践论的科学方法。实行改革开放，发展社会主义市场经济，是前无古人的伟大创举，只能通过实践、认识、再实践、再认识的反复探索，从实践中获得真知。习近平总书记指出："摸着石头过河，符合人们对客观规律的认识过程，符合事物从量变到质变的辩证法。不能说改革开放初期

---

［1］［2］［3］［4］ 习近平：《共担时代责任，共促全球发展》，《求是》2020 年第 24 期。

［5］《浦东开发开放 30 周年庆祝大会隆重举行习近平发表重要讲话》，《人民日报》2020 年 11 月 13 日。

［6］ 习近平：《论坚持全面深化改革》，中央文献出版社 2018 年版，第 6 页。

要摸着石头过河，现在再摸着石头过河就不能提了。"[1] 全面深化改革、全面开放，也需要摸着石头过河。"当然，摸着石头过河也是有规则的，要按照已经认识到的规律来办，在实践中再加深对规律的认识，而不是脚踩西瓜皮，滑到哪里算哪里。"[2]

党的十八大以来，改革开放进入攻坚期和深水区，到了啃硬骨头的阶段，关联性和互动性明显增强，仅仅依靠单个领域、单个层次的改革难以奏效，必须既要加强宏观调控和顶层设计，更加注重改革的系统性、整体性、协同性，加强顶层设计和整体谋划，对经济体制、政治体制、文化体制、社会体制、生态文明体制等做出统筹设计。"摸着石头过河"和顶层设计都是推进改革开放的重要方法，二者之间辩证统一。坚持试点先行和全面推进相促进，是改革开放的重要方法和重要经验。试点先行是要为全面推进积累经验、找出规律。全面推进建立在试点先行的基础之上，是试点先行的目标追求和最终体现。

中国改革开放始于试点先行，无论是改革开放初期的国企改革试点，把深圳、珠海、汕头、厦门四个经济特区作为对外开放的"试验田"，还是党的十八大以后设立21个自由贸易试验区、全面深化改革和全面开放，重要领域基本都采取了先行先试、然后全面推进的方式，这样不仅可以有效地降低改革的成本和风险，而且确保稳步和安全。全面推进时，注重处理好整体和重点的关系，既注重抓主要矛盾和矛盾的主要方面、抓重要领域和关键环节，又着重从系统和整体出发，进行整体谋划。

旨在完善和发展中国特色社会主义制度、推进国家治理体系和治理能力现代化的全面深化改革是一个涉及经济社会发展各领域的复杂系统工程，注重系统性、整体性、协同性是全面深化改革的内在要求，也是推进改革的重要方法。

---

[1] 习近平：《论坚持全面深化改革》，中央文献出版社2018年版，第7页。
[2] 同上书，第59—60页。

例如，统筹国内国际两个大局；坚持全国一盘棋，更好发挥中央、地方和各方面积极性；统筹安全和发展；贯彻创新、协调、共享、开放、绿色的新发展理念；实现发展质量、结构、规模、速度、效益、安全相统一。"党的十八届三中全会以来，我们聚焦深层次体制机制障碍，推出一系列重大改革，打通理顺许多堵点难点，很多领域实现了历史性变革、系统性重塑、整体性重构。"[1] 全面深化改革是系统集成的布局，这不仅体现在全面推进经济、政治、文化、社会、生态文明、党的建设等多领域的改革上，而且在制度建设上向更深层次挺进、更广范围拓展。在改革中避免"碎片化"，善打"组合拳"，确保各领域改革有效衔接。在国企改革、科技体制改革、农村土地制度改革、生态文明体制改革、司法体制改革、党的建设制度改革、构建开放型经济新体制等重大改革中理清逻辑关系，[2] 形成相互耦合的正效应。全面深化改革还特别注重精准施策，有序推进各领域的重大改革。"凡属重大改革都要于法有据"，"既抓重要领域、重要任务、重要试点，又抓关键主体、关键环节、关键节点，以重点带动全局"，"加强顶层设计和摸着石头过河相结合"，"形成上下贯通、层层负责的主体责任链条"[3]，这在脱贫攻坚战、生态环境保护中就表现得很明显。

四、中国式改革的原创性理论

（一）我国经济体制改革的理论创新

中国式改革的逻辑主线是"发展才是硬道理"，改革是为了解放和发展生产力，当生产关系阻碍了生产力的发展时，就必须要调整生产关系。在全面深化

---

[1]《浦东开发开放30周年庆祝大会隆重举行习近平发表重要讲话》，《人民日报》2020年11月13日。

[2][3]《新时代的伟大变革——党的十八届三中全会以来以习近平同志为核心的党中央推进全面深化改革纪实》，新华社2021年3月18日。

改革的总目标中，完善和发展中国特色社会主义制度的重点就是社会主义经济体制。党的十九届四中全会将公有制为主体、多种所有制经济共同发展，按劳分配为主体、多种分配方式并存，社会主义市场经济体制，确定为社会主义基本经济制度，全面回答了在我国国家制度和国家治理上，应该"坚持和巩固什么，完善和发展什么"的重大问题。[1] 我国经济体制改革的原创性理论就集中体现在社会主义基本经济制度上，贯穿于中国式赶超增长和结构转型的全过程。解放和发展社会生产力，这是世界各国的发展要求，具有"世界性"学术话语，坚持和完善社会主义基本经济制度，并将其与社会主义初级阶段的最大实际、社会主要矛盾的转变及中国的高质量发展新阶段、新发展理念、加快构建新发展格局等"本土性"发展理论结合起来，从而使经济体制改革的原创性理论为重塑发展经济学奠定了基础。

1. 社会主义基本所有制理论

生产资料所有制是生产关系的核心，决定着社会的基本性质和发展方向。改革开放以来，我们党总结正反两方面经验，确立了社会主义初级阶段的基本经济制度，坚持公有制为主体、多种所有制经济共同发展，探索混合所有制改革，形成了社会主义基本所有制理论：(1)"两个毫不动摇"理论，即毫不动摇巩固和发展公有制经济，毫不动摇鼓励、支持、引导非公有制经济发展，坚持权利平等、机会平等、规则平等，实行统一的市场准入制度。公有制为主体不是指传统意义上的单一公有制，而是指各种形式的公有制经济，既包括国有经济和集体经济，也包括混合经济中的国有成分和集体成分。[2] (2) 国有经济"五力"理论。党的十九届四中全会为"中国国企之治"提供了制度密码，围绕"深化国有企业

---

[1]《中共中央关于坚持和完善中国特色社会主义制度　推进国家治理体系和治理能力现代化若干重大问题的决定》，人民出版社 2019 年版，第 18—21 页。

[2] 殷德生：《中国发展道路的政治经济学：改革开放 40 年实践》，上海人民出版社 2018 年版，第 33—44 页。

改革，完善中国特色现代企业制度"的战略任务，继续分类分层推进国有经济混合所有制改革，鼓励各类资本参与国有经济改革，逐渐形成了以管资本为主的国有资产监管体制。（3）混合所有制经济理论。对混合所有制理论的认识逐步深化，从"一种新的财产所有结构"到"公有制经济的重要实现形式"，从放开经营权到建立现代企业制度；国有资本、集体资本、非公有资本等交叉持股、相互融合的混合所有制经济，成为基本经济制度的重要实现形式。

2. 社会主义基本分配制度理论

马克思主义政治经济学强调，分配决定于生产，又反作用于生产，"最能促进生产的是能使一切社会成员尽可能全面地发展、保持和施展自己能力的那种分配方式"。[1] 从实际出发，我国确立了按劳分配为主体、多种分配方式并存的分配制度：一是确立和健全劳动力、资本、技术、管理、数据等生产要素按贡献参与分配的制度。各种生产要素参与收入分配的份额，不只是取决于各自的投入，还要取决于各自"贡献"；二是确立了各种生产要素的报酬由各自的生产要素市场决定理论，这是市场决定资源配置的现实体现；三是注重收入分配中的公平正义。[2] 通过健全体现效率、促进公平的收入分配制度，提高居民收入在国民收入分配中的比重，实现居民收入与经济增长同步增长，创造条件让更多群众拥有财产性收入，发挥税收、社会保障、转移支付等为主要手段的再分配调节机制。实践证明，社会主义基本分配制度既调动了各方面积极性，又有利于效率和公平的统一。

3. 社会主义市场经济体制理论

社会主义市场经济体制不仅是中国增长奇迹的"奥秘"，也是新发展阶段

---

[1] 习近平：《坚持历史唯物主义不断开辟当代中国马克思主义发展新境界》，《求是》2020 年第 2 期。

[2] 习近平：《坚持和完善中国特色社会主义制度推进国家治理体系和治理能力现代化》，《求是》2020 年第 1 期。

全面深化改革和推动高质量发展的制度保障。该理论形成了丰富的学术体系:
(1)社会主义基本制度与市场经济有机结合论。既要"有效的市场",也要"有为的政府",把两方面优势都发挥好,这是经济学上的世界性难题。在社会主义条件下发展市场经济,这是我们党的一个伟大创举,也是我国经济发展奇迹的制度优越性。[1] 该理论正确处理了政府和市场的关系,坚持社会主义市场经济改革方向,明确"市场在资源配置中起决定性作用"与"更好发挥政府作用"是一个有机整体。[2](2)经济体制的渐进式改革论。社会主义市场经济体制改革的启动从增量改革开始,强制性变迁与诱导性变迁相辅相成,改革次序上的局部试点突破与顶层设计有机结合,从"双轨过渡"到"适时并轨"再到"整体推进"的有序衔接,[3] 以开放促改革并注重改革、发展与稳定的协调,从经济领域的体制机制改革到更多领域、更深层次的系统性、整体性的全面改革,从解放和发展生产力到促进社会公平正义、增进人民福祉,进而逐渐形成了我国经济体制改革的科学方法和有效路径。[4](3)社会主义市场经济的法治论:一方面,强化竞争政策基础地位,保障市场公平竞争,全面完善产权、市场准入、公平竞争等制度,这是社会主义市场经济有效运行的体制基础;另一方面,完善社会主义市场经济的法律制度和法治保障,[5] 以保护产权、维护契约、统一市场、平等交换、公平竞争、有效监管为基本导向,完善社会主义市场经济法治体系。

---

[1] 习近平:《不断开拓当代中国马克思主义政治经济学新境界》,《求是》2020年第16期。

[2]《中共中央关于全面深化改革若干重大问题的决定》,载《十八大以来重要文献选编》(上),中央文献出版社2014年版,第512页。

[3] 吴敬琏:《当代中国经济改革教程》,上海远东出版社2010年版,第38页。

[4]《新时代的伟大变革——党的十八届三中全会以来以习近平同志为核心的党中央推进全面深化改革纪实》,新华社2021年3月18日。

[5] 习近平:《推进全面依法治国,发挥法治在国家治理体系和治理能力现代化中的积极作用》,《求是》2020年第22期。

4. 社会主义市场经济法治化治理理论创新

社会主义市场经济是法治化经济，注重市场经济基础性制度建设，保障市场公平竞争。因此，夯实市场经济基础性制度、保障市场公平竞争，"建设高标准市场体系，全面完善产权、市场准入、公平竞争等制度，筑牢社会主义市场经济有效运行的体制基础"[1]，这是社会主义市场经济的本质要求。全面深化改革以来形成的社会主义市场经济法治治理理论主要体现在两个方面：一是强化竞争政策基础地位，落实公平竞争审查制度。我国进入了高质量发展的新阶段，必须越来越多地依赖资源使用效率的提升，而不是资源投入总量的增加。平等竞争的市场环境是资源使用效率的重要决定因素，也是全要素生产率的重要源泉。这既是发展经济学的基本逻辑，又是为我们改革实践所反复证明的事实。二是以保护产权、维护契约、统一市场、平等交换、公平竞争、有效监管为基本导向，完善社会主义市场经济法治体系。[2] 这不仅体现在经济领域法律法规体系的完善，而且健全司法执法对市场经济运行的保障机制。例如，从立法上赋予私有财产和公有财产平等地位并予以平等保护，完善物权、债权、股权等各类产权相关法律制度，健全破产制度，改革包括金融机构在内的企业破产法律制度，修订反垄断法，完善社会信用法律制度，维护公平竞争市场环境。深化行政执法体制改革，完善市场经济监督制度和监督机制，实行政府权责清单制度，规范行政执法行为。

（二）中国对外开放的理论创新

开放是国家繁荣发展的必由之路，是"两大布局"的重要内涵之一。马克思主义政治经济学认为，人类社会最终将从各民族的历史走向世界历史。现在，

---

[1] 中共中央、国务院：《关于新时代加快完善社会主义市场经济体制的意见》，2020 年 5 月 11 日。

[2] 《中共中央关于全面推进依法治国若干重大问题的决定》，载《十八大以来重要文献选编》（中），中央文献出版社 2016 年版，第 162 页。

我国是世界第二大经济体、第一大出口大国、第二大进口大国，同世界的联系空前紧密。我国经济对世界经济的影响、世界经济对我国经济的影响都是前所未有，形成了许多重大的理论创新成果。以开放促改革、促发展，是我国现代化建设不断取得新成就的重要法宝。[1] 党的十九大报告提出了"推动形成全面开放新格局"，"发展更高层次的开放型经济"[2]。改革开放40多年来，"中国坚持打开国门搞建设，开放已经成为当代中国的鲜明标识，中国不断扩大对外开放，不仅发展了自己，也造福了世界"[3]；"中国开放的大门不会关闭，只会越开越大"[4]。"中国将坚定不移奉行互利共赢的开放战略，将始终是全球共同开放的重要推动者、世界经济增长的稳定动力源、各国拓展商机的活力大市场、全球治理改革的积极贡献者"[5]，推动经济全球化朝着更加开放、包容、普惠、平衡、共赢的方向发展。

1. 利用国际国内两个市场两种资源理论

1978年，中国的开放宣告了一个当时拥有9.6亿人口的大国市场面向全世界主动开放，如此超大规模的人口和广阔市场迅速吸引全球资本的涌入。随着改革的深化和开放的扩大，我国日益深度融入全球化。市场开放不仅带动了中国的大规模出口，而且拥有先进技术的外资企业和较高技术含量的产品进入中国市场，充分利用市场共享与国际合作等渠道实现资本、技术等各类高端要素的引进，不断拓展开放格局促进要素跨境流动。对外开放尤其是加入WTO以后，"中国制造"使得国内的劳动力、资本、资源等要素实现了跨区域自由流动和资源优化配置，对外贸易与外资流入使得中国得以纳入全球化的空间大格局

---

[1] 汪洋：《推动形成全面开放新格局》，《人民日报》2017年11月10日。
[2] 《中国共产党第十九次全国代表大会文件汇编》，人民出版社2017年版，第18、28页。
[3][5] 《习近平出席首届中国国际进口博览会开幕式并发表主旨演讲》，《人民日报》2018年11月6日。
[4] 《中国共产党第十九次全国代表大会文件汇编》，人民出版社2017年版，第28页。

中，推动贸易产品结构由从低附加值到高附加值产品的转型升级。

党的十八大以后，我国的对外开放环境发生了深刻变化。党中央总揽"两大布局"，确立开放发展新理念，提出"一带一路"倡议，加快构建开放型经济新体制。在推进对外开放理论和实践创新上，发生了一系列重大转变：与过去开放型经济以规模速度型和要素驱动向质量效益型和创新驱动转变，从而实现质量变革、效率变革、动力变革，是对外开放工作必须把握的主攻方向。与过去重在引进不同，注重"引进来"和"走出去"并重；与过去重在依托资源禀赋的比较优势不同，参与全球化分工日益依赖于新的竞争优势，即由成本、价格优势为主向以技术、标准、品牌、质量、服务为核心的综合竞争优势转变；与过去以嵌入全球价值链方式参与全球化不同，重视提升在全球价值链的地位，建立以我国为主的全球价值链。基于此，中国的对外开放理论又有了新的创新。党的十九大提出，"主动参与和推动经济全球化进程，发展更高层次的开放型经济"[1]。

开放战略促进了中国的技术进步与产业升级。在 40 多年的对外开放中，一开始就是采取"市场换技术"的开放思维，依托高速增长的外商直接投资和对外贸易发展，采取外商独资、中外合资、中外合作、技术购买、国际并购等多种形式，逐渐形成了"引进—模仿—吸收—自主创新"的技术发展逻辑。依托市场开放实现技术创新的逻辑已被证实是符合发展中国家发展规律的。对外贸易与外资流入使中国快速纳入全球化大格局中。一方面，来自西方发达国家的先进技术、各类创新要素的流入弥补了中国要素结构中的短板，并刺激国内加速高端要素的自主培育；另一方面，中国企业和各类创新要素通过参与跨国投资和贸易，也促进了其他国家的要素结构改善，从而实现了中国要素在全球范

---

[1]《中国共产党第十九次全国代表大会文件汇编》，人民出版社 2017 年版，第 18 页。

围内优化配置，使得全球化和自由贸易网络更加稳定繁荣。开放还加速推动我国贸易产品结构由低附加值到高附加值的转型，带动中国产业结构向高技术密集型产业转型。中国在吸引更多海外投资的同时，也加大对外直接投资，鼓励本国具有竞争力和高技术含量的企业"走出去"。

2. 全面开放新格局理论

党的十八大以来，"两大布局"下的全面开放格局逐步形成，在开放实践创新基础上形成了新时代全面开放理论，从统筹国内国际两个大局的高度，"系统回答了新时代要不要开放、要什么样的开放、如何更好推动开放等重大命题"，"全面开放内涵丰富，既包括开放范围扩大、领域拓宽、层次加深，也包括开放方式创新、布局优化、质量提升"[1]。全面开放实际上就是"四个全面"中"全面深化改革"的重要内容。

（1）全面开放理论的系统性。全面开放要求形成要素和商品"引进来"与"走出去"双向流动开放格局、陆海内外联动格局（沿海开放与内陆沿边开放相结合）、东西双向开放格局（向发达国家开放与向发展中国家开放相结合）。实行更加积极主动的开放战略，全面对接国际高标准市场规则体系，实施更大范围、更宽领域、更深层次的全面开放。在引进来与走出去更好结合上，不仅要"坚持引资和引技引智并举，提升利用外资的技术溢出效应、产业升级效应"，而且"在提高引进来质量和水平的同时，支持企业积极稳妥走出去"[2]。在沿海开放与内陆沿边开放更好结合上，根据中西部地区逐步从开放末梢走向开放前沿，优化区域开放布局，形成陆海内外联动、东西双向互济的开放格局，进而形成区域协调发展新格局。在制造领域开放与服务领域开放更好结合上，"重点推进金融、教育、文化、医疗等服务业领域有序开放"[3]。在推动出口市场多元

---

[1][2][3] 汪洋：《推动形成全面开放新格局》，《人民日报》2017年11月10日。

化、进口来源多元化、投资合作伙伴多元化上，既进一步扩展与美国、欧盟、日本等发达国家的经贸利益交汇点，又要依托"一带一路"倡议、自由贸易试验区等平台扩大与广大发展中国家的经贸联系。

（2）全面开放理论要求更高层次开放。党的十九届五中全会对此作了具体部署：一是建设更高水平开放型经济新体制，主要举措包括，"全面提高对外开放水平、推动贸易和投资自由化便利化"；"完善外商投资准入前国民待遇加负面清单管理制度，有序扩大服务业对外开放"；"完善自由贸易试验区布局，赋予其更大改革自主权，稳步推进海南自由贸易港建设，建设对外开放新高地"[1]；积极参与全球经济治理体系改革，做开放型世界经济的建设者贡献者。世贸组织有 160 多个成员，涵盖了全球 98% 的贸易额，区域性自由贸易区蓬勃发展。"世贸组织代表的多边贸易体制和自由贸易区代表的区域贸易安排，是驱动经济全球化发展的两个'轮子'。"[2] 中国积极参与世界贸易组织改革和多双边区域投资贸易合作机制，推动完善更加公正合理的全球经济治理体系。二是推动"一带一路"的高质量发展。在基础设施互联互通的基础上，"推进战略、规划、机制对接，加强政策、规则、标准联通"，"构筑互利共赢的产业链供应链合作体系"[3]，扩大双向贸易和投资。三是建设贸易强国建设。"从以货物贸易为主向货物和服务贸易协调发展转变，从依靠模仿跟随向依靠创新创造转变，从大进大出向优质优价、优进优出转变"[4]，加快数字贸易和产业数字化发展，重视数据要素、数据跨境流动中的国际规则制定的主导权，推动贸易产业链升级和服务贸易创新发展，构建面向全球的高标准自由贸易区网络。

---

[1]《中共中央关于制定国民经济和社会发展第十四个五年规划和二〇三五年远景目标的建议》，人民出版社 2020 年版，第 30 页。

[2][4] 汪洋：《推动形成全面开放新格局》，《人民日报》2017 年 11 月 10 日。

[3]《中共中央关于制定国民经济和社会发展第十四个五年规划和二〇三五年远景目标的建议》，人民出版社 2020 年版，第 30—31 页。

3. 国内国际双循环相互促进的发展新格局理论

随着世界百年未有之大变局的纵深发展，面对新冠肺炎疫情对世界经济的广泛深远影响，党中央提出了新发展格局理论，"形成以国内大循环为主体、国内国际双循环相互促进的新发展格局"。[1] "立足国内大循环，发挥比较优势，协同推进强大国内市场和贸易强国建设，以国内大循环吸引全球资源要素，充分利用国内国际两个市场两种资源，积极促进内需和外需、进口和出口、引进外资和对外投资协调发展，促进国际收支基本平衡。"[2] 促进国内国际双循环要求加快推进更高水平的对外开放，促进由商品和要素流动型开放向规则等制度型开放转变，充分发挥"一带一路"倡议、自由贸易试验区、自由贸易港、经济特区、开发区、保税区等对外开放前沿高地的作用，为国家高水平开放探索新模式新经验。

总之，对外开放理论是"两大布局"理论体系不可或缺的重要方面。开放为中国崛起提供了改革方向，开放压力为崛起提供了改革动力，开放促使崛起战略符合全球化的变化趋势。中国的对外开放，既涉及微观层面的外贸企业开放、外资企业开放、产品市场开放，还关系到宏观层面的地区开放、开放政策和开放战略，不仅如此，对外开放还与工业化进程和城镇化道路紧密相连。对外开放是我国的基本国策，不仅统筹国内国际两个大局，有效地开拓两个市场，利用了两种资源，而且走出了一条以开放推动改革、以改革促进开放的道路，形成了一系列重大理论成果，尤其是利用国际国内两个市场两种资源理论、开放推动改革理论、全面开放新格局理论、更高层次开放型经济理论。在新的世界格局下，我国提出了以国内大循环为主体、国内国际双循环相互促进的新发展格局理论。

---

[1]《习近平新时代中国特色社会主义思想学习问答》，学习出版社、人民出版社 2021 年版，第265 页。

[2]《中共中央关于制定国民经济和社会发展第十四个五年规划和二〇三五年远景目标的建议》，人民出版社 2020 年版，第 16 页。

第五章

"两大布局"的政治经济学框架

一、"两大布局"政治经济学框架形成的背景

"两大布局"理论是逐步形成的，贯穿了整个改革开放历程，从改革开放初期的"两大文明"论，历经20世纪90年代的"三大文明"论、21世纪初的"四大文明"论，再到党的十八大的"五位一体"，其中有一条主线就是以经济建设为中心。改革开放创造了"世所罕见的经济快速发展奇迹"。"中国特色社会主义道路，就是在中国共产党领导下，立足基本国情，以经济建设为中心，坚持四项基本原则，坚持改革开放，解放和发展社会生产力。"[1] 从党的十八大报告中的"以经济建设为中心是兴国之要"，党的十八届三中全会的"以经济建设为中心，发挥经济体制改革牵引作用"，到党的十九大报告中的"以经济建设为中心，坚持四项基本原则，坚持改革开放"，再到习近平总书记在庆祝改革开放40周年大会上的讲话所强调的，改革开放以来，"我们始终坚持以经济建设为中心，不断解放和发展社会生产力"。党的十八大以后形成的"两大布局"发展理论仍是坚持经济建设为重点，发展是解决所有问题的关键。因此，"两大布局"理论体系首要的就是贯穿改革开放的政治经济学框架。

改革开放40多年来的中国经济发展和结构性改革是一个庞大的叙事，蕴

---

[1] 胡锦涛：《在庆祝中国共产党成立九十周年大会上的讲话》，载《十七大以来重要文献选编》（下），中央文献出版社 2013 年版，第 35 页。

藏着理论创造的巨大动力和活力。中国的改革从农村家庭联产承包责任制开始，到城市的搞活国营大中小企业、发展个体私营经济，再到坚持"两个毫不动摇"、深化国资国企改革、发展混合所有制经济，从传统的计划经济体制到生机勃勃的社会主义市场经济体制，从经济体制改革为主到统筹推进经济建设、政治建设、文化建设、社会建设、生态文明建设"五位一体"总体布局和协调推进由全面建成小康社会到全面建设社会主义现代化国家、全面深化改革、全面依法治国、全面从严治党"四个全面"战略布局的全面深化改革；中国的开放从兴办深圳等经济特区、沿海沿边沿江沿线和内陆中心城市对外开放到加入世界贸易组织、共建"一带一路"、设立自由贸易试验区的全面对外开放。[1] 马克思主义政治经济学从来就是主张"从当前的国民经济的事实出发"[2]，"各个国家各不相同……政治经济学不可能对一切国家和一切历史时代都是一样的"[3]。改革开放 40 多年来，中国在经济增长和结构转型方面取得伟大成就，经济总量自 2010 年开始一直稳居世界第二，倍受当代世界关注。世界各国都希望理解中国经济发展道路的逻辑和模式，因为它的现状如何、将向何处发展，都会对整个世界产生重要的影响。然而，要理解中国赶超增长和结构转型的逻辑和趋势并不是一件容易的事情。即使那些长期生活在其中并亲身经历中国变迁过程的人，对其了解也往往是零散的、片面的。

大国崛起不仅要在经济发展方面取得举世瞩目的成就，更要相应地在经济理论上作出原创性的重大贡献。[4] "我们要立足我国国情和我们的发展实践，深入研究世界经济和我国经济面临的新情况新问题，揭示新特点新规律，提炼和

---

[1] 习近平：《在庆祝改革开放四十周年大会上的讲话》，人民出版社 2018 年版，第 8—9 页。
[2] 《马克思恩格斯文集》第 1 卷，人民出版社 2009 年版，第 156 页。
[3] 《马克思恩格斯文集》第 9 卷，人民出版社 2009 年版，第 153 页。
[4] 谢伏瞻：《新中国 70 年经济与经济学发展》，《中国社会科学》2019 年第 10 期。

总结我国经济发展实践的规律性成果，把实践经验上升为系统化的经济学说，不断开拓当代中国马克思主义政治经济学新境界。"[1] 现有关于中国经济增长与结构转型的规律性成果、原创性理论及其学术体系范式的相关研究总体可归纳为三个方面：

一是关于社会主义国家向市场经济转型模式的研究。20 世纪 90 年代，曾经流行一时的方法是将转型模式区分为激进的和渐进的两种：前者采用"休克疗法"（shock therapy）；后者以中国经济转型为代表，采用渐进主义（gradualism）方式，逐步实现向市场经济的转型。进入 21 世纪以后，国际学术界已经很少采用这种分析模式。[2] 科尔奈（J. Kornai）提出了社会主义转型发展的两种思路：一是有机发展战略，把最重要的任务确定为创造有利条件使私有部门（市场经济）得以自下而上地成长；二是加速私有化战略，即把最重要的任务确定为尽可能快地实现国有企业私有化。[3] "有机发展战略"的框架可以用来分析中国改革的变迁，中国改革的实际进展是沿着类似于科尔奈的"有机发展战略"的路径推进的，此即"增量改革战略"，[4] 由下而上地发展市场经济。

二是关于中国经济增长方式及其动力转换的研究。该领域的研究总体认为，中国赶超型增长具有要素投入型经济增长的典型特征，[5] 全要素生产率（Total Factor Productivity，TFP）总体水平不高且呈下降趋势。[6] 总体而言，我国的 TFP 在改革开放以后直到 1995 年呈上升阶段，加入 WTO 以后一直到 2008

[1] 习近平：《坚持历史唯物主义不断开辟当代中国马克思主义发展新境界》，《求是》2020 年第 2 期。

[2][4] 吴敬琏：《当代中国经济改革教程》，上海远东出版社 2010 年版序言。

[3] ［匈］雅诺什·科尔奈：《大转型》，载《比较》第 17 辑，中信出版社 2005 年版。

[5] 王小鲁、樊纲、刘鹏：《中国经济增长方式转换和增长可持续性》，《经济研究》2009 年第 1 期。

[6] 郑京海、胡鞍钢、B. Arne：《中国经济增长能否持续——一个生产率的视角》，《经济学（季刊）》2008 年第 3 期。

年国际金融危机前，也是一个快速上升时期，此后呈现下降趋势，党的十八大以来，供给侧结构性改革等一系列全面深化改革举措旨在提升我国 TFP。这种没有明显技术进步的高投资高增长是以不良资产、高污染与高能耗为代价的，政府将承担经济增长的宏观成本。[1] 党的十八大以来，我国提出了供给侧结构性改革、高质量发展、新发展理念、新发展阶段及新发展格局等一系列新的理论。无论是对"中等收入陷阱"的顾虑，还是对"刘易斯拐点"的担忧，经济发展方式转变的关键在于市场机制和政府作用的发挥，大量研究基于增长动力、发展环境、经济周期等变化论证了中国从高速增长转向高质量发展符合量变到质变的发展规律。

三是开始思考和探索如何构建中国特色社会主义政治经济学。随着纪念改革开放 40 年、新中国成立 70 年以及建党 100 周年，学术界开始思考中国经济学理论的构建问题。一方面，对中国特色社会主义政治经济学重大原则和发展经验进行提炼。"改革开放是党和人民大踏步赶上时代的重要法宝，是坚持和发展中国特色社会主义的必由之路，是决定当代中国命运的关键一招。"[2] 经济学家也从不同角度进行经验总结。例如，将中国经济发展历程归纳为两条主线——所有制结构调整改革和经济运行转向市场主导型，[3] 有的将中国经济发展总结"六个坚持"，[4] 还有的将中国经济发展的逻辑归结为"后发赶超"工业化、市场的资源配置功能发挥以及市场规模扩大。[5] 另一方面，对中国特色社会主义政治经济学的研究范式进行讨论。围绕构建和发展什么样的中国特色社会主

［1］ Brandt, L., Rawski, T. G., *China's Great Transformation*, Cambridge: Cambridge University Press, 2008; Naughton, B., *The Chinese Economy: Transitions and Growth*, Cambridge: The MIT Press, 2007.

［2］ 习近平:《在庆祝改革开放四十周年大会上的讲话》，人民出版社 2018 年版，第 19 页。

［3］ 张卓元:《中国经济改革的两条主线》，《中国社会科学》2018 年第 11 期。

［4］ 谢伏瞻:《新中国 70 年经济与经济学发展》，《中国社会科学》2019 年第 10 期。

［5］ 张平、刘霞辉、王宏淼:《中国经济增长前沿——转向结构均衡增长理论与政策研究》，中国社会科学出版社 2011 年版。

义政治经济学命题进行了创造性探索。例如，有的强调中国要素禀赋结构的作用并提出新结构经济学，[1] 有的将党的角色和作用纳入经济学逻辑框架，主张将"中国事实"作为中国特色社会主义经济学学术体系的逻辑起点，[2] 有的将中国经济理论的范式归结为"菲利普斯取舍""卡尼曼回归""索洛趋同"[3]。对于中国特色社会主义政治经济学的学术范式的研究，一方面强调社会主义基本经济制度和经济体制改革，[4] 另一方面试图构建中国开放型经济理论和现代化经济体系的理论逻辑。[5] 党的十八大以来，全面深化改革取得历史性伟大成就，如期实现了全面建成小康社会伟大目标，开启了全面建设社会主义现代化国家的新征程，形成了习近平新时代中国特色社会主义经济思想，全面丰富和系统发展了马克思主义政治经济学，构成了一个逻辑严密、系统完备的科学理论体系，是当代中国马克思主义政治经济学新境界。[6] 社会主义伟大实践孕育着原创性理论创造，中国学界也一直在努力探索并推动着中国特色社会主义政治经济学体系的形成。[7]

对于改革开放以来形成的中国经济发展道路的理论体系（知识体系、学术体系和话语体系），其总结和提炼的理论工作依旧在路上。这需要我们不断

---

[1] 林毅夫：《新结构经济学》，北京大学出版社 2012 年版。

[2] 金碚：《论中国特色社会主义经济学的范式承诺》，《管理世界》2020 年第 9 期。

[3] 蔡昉：《认识中国经济的三个经济学范式》，《经济学动态》2019 年第 6 期。

[4] 刘鹤：《坚持和完善社会主义基本经济制度》，《人民日报》2019 年 11 月 22 日。

[5] 裴长洪：《中国特色开放型经济理论研究纲要》，《经济研究》2016 年第 4 期。

[6] 张怡恬：《习近平新时代中国特色社会主义经济思想的原创性贡献》，《学习时报》2019 年 2 月 27 日。习近平新时代中国特色社会主义经济思想是科学的理论体系，其学理化研究也在日益丰富，参见权衡：《习近平新时代中国特色社会主义思想学理化研究论纲》，《学术月刊》2021 年第 3 期。

[7] 谢伏瞻、高尚全、张卓元、马建堂、蔡昉、林毅夫、黄群慧、田国强：《中国经济学 70 年：回顾与展望——庆祝新中国成立 70 周年笔谈（上）》，《经济研究》2019 年第 9 期；厉以宁、辜胜阻、高培勇、刘世锦、刘伟、洪银兴、樊纲、洪永淼：《中国经济学 70 年：回顾与展望——庆祝新中国成立 70 周年笔谈（下）》，《经济研究》2019 年第 10 期；谢伏瞻：《新中国 70 年经济与经济学发展》，《中国社会科学》2019 年第 10 期。

着眼于中国波澜壮阔的经济增长和结构转型的改革实践，运用中国特色社会主义理论和现代经济学的分析工具，对中国改革开放40多年来发展道路全过程进行鸟瞰式考察和学理性梳理，总结出中国发展道路的政治经济学理论体系和历史经验。中国的赶超增长和结构性改革是一个宏大的发展叙事，向学术界提供一个清晰的理论线索和分析框架，是一件颇费思量的工作。因为经济转型虽然是通过各种政策措施来实现的，但它有一条逻辑主线，就是社会主义与市场体制的结合。这是中国特色社会主义制度的伟大创举。这一"结合"的关键是处理好市场和政府的关系：既要发挥市场的决定性作用，更要发挥政府的不可替代作用。而中国改革实践是"摸着石头过河"，采取了"试验—试错—推广"的路径，其中时常经历曲折和反复。这样的改革特征，对理论上的梳理和提炼形成了挑战。不仅如此，中国经济在快速增长过程中还造成了结构失衡，结构改革又成为经济中高速持续增长的动力。经济大国在改革中既保持稳定增长又实现经济结构合理化的实践，这在西方发展经济学理论中也找不到现成答案。"我们形成了当代中国马克思主义政治经济学的许多重要理论成果……这些理论成果，马克思主义经典作家没有讲过，改革开放前我们也没有这方面的实践和认识，是适应当代中国国情和时代特点的政治经济学。"[1]对改革开放40多年来中国式赶超增长和结构转型进行鸟瞰式学术考察，提炼和总结其中的规律性成果和原创性理论，构建既展现本土特征又具有与西方发展经济学相容的逻辑内洽的学术体系范式，这需要以统一的逻辑主线回答中国式增长和结构转型为什么能够成功。其理论指导就是"两大布局"。

---

[1] 习近平：《坚持历史唯物主义不断开辟当代中国马克思主义发展新境界》，《求是》2020年第2期。

二、"两大布局"政治经济学体系形成的特征事实

(一)中国的发展奇迹

改革开放以来,中国经济发展奇迹所持续时间和增长幅度都超过了曾经的亚洲"四小龙"与"起飞"时的日本,被称为人类经济发展史上最为璀璨的奇迹之一。从 1979 年到 2018 年,中国经济的平均增速高达 9.5%,而世界经济平均增速才 2.9%,[1] 中国年均世界经济贡献率大幅度提高。40 多年来,中国人均 GDP 从改革开放初的 156 美元到如今突破了 1 万美元,中国成为名副其实的中等收入偏上国家;中国进入人均 GDP 超过 1 万美元的国家行列,意味着整个世界上人均 GDP 超过 1 万美元的人口,从原来的 15 亿变成了现在近 30 亿,这是中国对世界做出的巨大贡献。我国国内生产总值占世界的比重由改革开放之初的 1.8%上升到 2021 年的 18%。如今的中国是世界第二大经济体、制造业第一大国、货物贸易第一大国、外资流入第二大国,外汇储备连续多年位居世界第一,多年来对世界经济增长贡献率超过 30%。[2]

在战略性竞争时代,中国不断实现追赶。根据世界银行的数据,1996 年我国经济总量占美国的比例突破 10%;2006 年突破 20%,2008 年突破 30%,2010 年突破 40%,2012 年突破 50%,2014 年突破了 60%,2020 年突破了70%。党的十九大提出了未来发展蓝图:从 2020 年到 2035 年,"再奋斗十五年,基本实现社会主义现代化";从 2035 年到本世纪中叶,"再奋斗十五年,把我国建成富强民主文明和谐美丽的社会主义现代化强国"[3]。

40 多年来,改革开放始终以改善人民生活、增进人民福祉为目的。全国居民人均可支配收入由改革开放初期的 171 元增加到现在已突破 3 万元,中等收

---

[1][2] 习近平:《在纪念邓小平同志诞辰 110 周年座谈会上的讲话》(2014 年 8 月 20 日),人民出版社 2014 年版,第 11 页。

[3]《中国共产党第十九次全国代表大会文件汇编》,人民出版社 2017 年版,第 23 页。

入群体达到 4 亿并持续扩大。[1] 按照联合国现行标准，到 2020 年我国全面实现了脱贫，此前的 2012 年我国贫困人口 9899 万人，中国谱写了人类反贫困史上的辉煌篇章。我国建成了包括养老、医疗、低保、住房在内的世界最大的社会保障体系，基本养老保险覆盖近 10 亿人，基本医疗保险覆盖超过 13 亿人。[2] 我国把教育摆在优先发展的战略位置，将公平和质量作为主要追求，形成了世界上规模最大的教育体系，总体水平跃居世界中上行列，高等教育进入普及化阶段，实现了从人口大国向人力资源大国的转变。

（二）中国结构转型的成就

改革开放以来，中国经济领域不仅实现了增长赶超的奇迹，而且实现了结构转型的奇迹。自国家"十五"规划以来，经济结构战略性调整就成为国家的战略任务，党的十八大以来，中国经济进入新常态，贯彻新发展理念、转变发展方式，提升经济发展质量和效益，结构性改革全面发力、重点突破、难点破解，着力增强改革的系统性和集成性，尤其是贯彻新发展理念、深化供给侧结构性改革、构建新发展格局，经济在中高速增长的同时实现结构不断优化。

一方面，经济增长的动力结构日趋合理。消费、投资、净出口是经济增长的"三驾马车"。目前，我国最终消费支出对 GDP 增长的贡献率总体接近60%，资本形成总额的贡献率及货物和服务净出口的贡献率大致分别在 30% 和10%。消费对我国国民经济的支撑作用日益增强，消费成为拉动经济增长的最主要动力。投资需求结构不断优化，投资着力增强经济发展后劲，补短板。投资需求向中高端领域倾斜，尤其是战略性新兴产业和高技术产业。

另一方面，产业结构加速优化。第三产业发展快于第一产业和第二产业，

---

[1] 习近平：《在纪念邓小平同志诞辰 110 周年座谈会上的讲话》，人民出版社 2014 年版，第13 页。

[2]《中共中央关于制定国民经济和社会发展第十四个五年规划和二〇三五年远景目标的建议》，人民出版社 2020 年版，第 2—3 页。

成为拉动经济增长的主导力量。自 2015 年开始，我国第三产业增加值占 GDP 比重就超过了 50%；第二产业增加值比重下降到 40% 以下。第三产业在提升全社会劳动生产率与吸纳就业等方面发挥着主要的贡献。供给侧结构性改革在调整产业结构和引领我国经济发展的质量变革、效率变革、动力变革上的成效日益凸显。

此外，注重全要素生产率在经济高质量发展中的贡献。全要素生产率反映一国经济增长中不能为生产要素投入所解释的部分，是衡量经济增长效率和长期技术进步的重要指标，在具体核算中表现为产出增长率超出要素投入增长率的部分，其主要来源于技术进步、规模效应和资源效率的优化。党的十九大以来，我国经济已由高速增长阶段转向高质量发展阶段，正处在转变发展方式、优化经济结构、转换增长动力的攻关期，此时全要素生产率对经济发展质量的作用越来越重要。若要出现熊彼特主义所期许的结构变化和创新机制，关键在于深化要素市场改革，实现要素配置的市场化和全球化。供给侧结构性改革就是解放全要素生产率的战略举措，创新、协调、绿色、开放、共享的新发展理念既是对经济高质量发展的理论总结，回答了中国"实现什么样的发展、怎样发展"这一重大发展问题，又是推动经济高质量发展的基本动力。

（三）"两大布局"政治经济学框架的基本内涵

改革开放 40 多年来所创造的"世所罕见的经济快速发展奇迹"、书写的"人类反贫困上的中国奇迹"，蕴藏着中国式发展经济学的规律性成果，形成了当代中国马克思主义政治经济学的许多重要的原创性理论，马克思主义经典作家没有讲过这些，改革开放前我们也没有这方面的实践和认识。中国式赶超增长与结构转型的政治经济学理论源于改革开放的伟大实践，从赶超增长到结构性改革的典型事实，彰显了中国经济发展的韧性和潜力。

经济增长和结构转型是发展经济学的中心论题，改革和开放是经济发展的两大动力。中国式赶超增长的规律性成果集中体现为要素解放及生产率提升。农村改革解放了劳动力要素和土地要素，国有企业改革解放了要素配置权，金融部门改革解放了资本要素，地区开放释放了要素配置的国内空间，对外开放释放了要素配置的国际空间。围绕要素流动及其配置效率提升这个逻辑，形成了以规模报酬递增效应为动力的中国经济赶超路径理论、以供给侧结构性改革为主线的全要素生产率提升理论、以推动经济发展方式转变为目的的新发展理念以及具有显著增长效应的对外开放理论等构成的中国式赶超增长理论体系，解释了中国"富起来"的伟大变革。

经济增长总是伴随着结构的变迁和优化。我国自"十五"计划开始实施经济结构战略性调整，尤其是党的十八大以来，"坚持把经济结构战略性调整作为加快转变经济发展方式的主攻方向"。从"赶超型增长"到"结构失衡的增长"，再转向"结构协调的增长"，其中的规律性成果集中表现为实现效率优先并兼顾公平，正确处理政府和市场关系，使"有效市场"与"有为政府"有机结合、规模经济与报酬递增效应相互促进及经济红利释放及其合理分配相互协调。我国经济结构转型的伟大实践同样孕育了一系列原创性理论：以结构促增长为特征的新发展阶段理论，系统性、整体性与协同性相统一的全面深化改革理论，具有显著结构效应的全面开放新格局理论，以国内大循环为主体、国内国际双循环相互促进的新发展格局理论。这些理论系统回答了新时代高质量发展的中国"实现什么样的发展、怎样发展"这一重大发展问题，推动着从"富起来"到"强起来"的伟大跨越。

中国经济从赶超到结构性改革创造的发展奇迹，依赖于社会主义经济体制改革，基本前提和历史经验就是在两个"毫不动摇"前提下坚持经济体制改革。经济体制改革实践中形成的最为显著的原创性理论就是社会主义基本经济制度，即以公有制为主体、多种所有制经济共同发展，以按劳分配为主体、多种分配方式并存，以及社会主义市场经济体制，全面回答了在我国国家制度和国家治理上，应该"坚持和巩固什么，完善和发展什么"的重大发展问题。我国社会主义基本经济制度坚持以人民为中心的发展思想、坚持解放和发展社会生产力，将增进人民福祉、促进人的全面发展、朝着共同富裕方向稳步前进作为经济发展的出发点和落脚点，这是马克思主义政治经济学的根本立场，也是中国式赶超增长与结构转型政治经济学的基本原则。

三、"两大布局"中赶超增长的规律性成果与原创性理论

（一）"两大布局"中赶超增长的规律性成果

改革开放以来，在农村改革、国企改革、金融部门改革、区域改革及对外开放中坚持以要素市场化配置改革为重点，[1] 建设统一开放、竞争有序的市场体系，从劳动力、资本、土地要素到知识、数据等要素，不断推进要素流动自主有序，配置高效公平。

1. 中国农村改革解放了劳动力要素和土地要素

中国农村改革从家庭联产承包开始到"三权分置"的土地制度改革，再到党的十九大以后的全面实施乡村振兴战略，以家庭承包经营为核心的农村经营体制改革、以农村税费改革为核心的国民收入分配体系改革以及以促进农村上层建筑变革为核心的农村综合改革，不仅解放了劳动力要素、土地要素，而且大幅度提升了它们的配置效率，农村劳动力从不流动到开始流动，农民从土地的束缚中解放出来，从农业部门向工业部门转移，这既提高了农业的劳动生产率，又加快了中国工业化和城市化进程。土地"三权分置"制度改革增强了农

---

[1] 殷德生：《中国发展道路的政治经济学：改革开放 40 年实践》，上海人民出版社 2018 年版，第 24—31 页。

业规模化经营和农业经济效益，农村综合改革促进了农村集体经济、农户家庭经济、农民合作经济、供销合作社经济及国有农场林场的共同发展。

党的十九大适时提出实施乡村振兴战略。一方面，提升农业现代化发展质量，以农业供给侧结构性改革为主线，加快构建现代农业产业体系、生产体系、经营体系，完善农业支持保护制度。另一方面，强化乡村振兴制度性供给。坚持农业农村优先发展，按照产业兴旺、生态宜居、乡风文明、治理有效、生活富裕的总要求，建立健全城乡融合发展体制机制和政策体系。[1]党的十九届五中全会要求乡村振兴战略全面推进，并实现巩固拓展脱贫攻坚成果同乡村振兴有效衔接；健全城乡融合发展机制，推动城乡要素自由流动，增强农业农村发展新动能。

2. 国有企业改革解放了要素配置权

从对国有企业实行放权让利，建立现代企业制度，实行股份制公司制改制，到改革国有资本经营预算制度；从管企业向管资本转变，再到对国有企业实行分类改革和监管。我国的国有企业在改革方式上循序渐进，在改革策略上增量改革。该模式具有"帕累托改进"的性质，最大限度降低了改革的阻力。[2]承包制为国有企业的股份制改革做好了理论准备，股份制改革催生国有企业现代企业制度的建立和健全。对外开放和民营经济的发展为国有企业改革提供了外部环境和动力。国有企业改革从未停顿过。从 20 世纪 90 年代的以股份制为核心的现代企业制度和"抓大放小"，到以三年脱困为标志的改革攻坚，再到党的十八大以来的国有企业全面改革，尤其是国有经济战略性调整。党的十九届五中全会将深化国资国企改革作为全面深化改革的重要手段，发挥国有经济战略支撑作用，通过国有企业混合所有制改革完善中国特色现代企业

---

[1] 《中国共产党第十九次全国代表大会文件汇编》，人民出版社 2017 年版，第 26 页。
[2] 殷德生等：《中国市场化改革路径与转型经济理论创新》，《学术月刊》2017 年第 6 期。

制度。[1]

在解放要素配置权上，国有企业改革上起码有两大鲜明的经验：一是实行分类改革。增强国有经济"五力"（竞争力、创新力、控制力、影响力、抗风险能力），推进国有经济混合所有制改革，鼓励各类资本参与国有经济改革，加快国有经济布局优化和结构调整。二是实现从股份制到以管资本为主的国有资产监管体制的创新。有效发挥国有资本投资、运营公司功能作用，解决现行国有资产管理体制中政企不分、政资不分问题，以及国有资产监管中存在的越位、缺位、错位现象。[2]

3. 金融部门改革解放了资本要素及其市场化配置机制

资本要素配置效率取决于利率市场化和汇率市场化改革。我国利率市场化改革是从 1996 年放开同业拆借利率开始的，遵循先贷款、后存款、先长期后短期、先大额后小额的基本原则。直到 2015 年 10 月，不再对商业银行与农村合作金融机构设置存款利率上限，突破了利率市场化改革的最后一块壁垒。下一步就是健全市场化利率的定价机制、报价机制与传导机制。人民币汇率也一直朝着市场化方向改革，人民币汇率由单一盯住美元转变为参考一篮子货币，尤其是 2005 年 7 月 "汇改" 以来，中间价形成机制和汇率管理方式的市场化程度显著增强。

在金融部门改革中，我国一直将更好地服务实体经济作为金融部门的出发点和落脚点，把增强金融服务实体经济能力作为深化金融体制改革的基本逻辑，将防止发生系统性金融风险作为金融改革发展的永恒主题。一方面，全面提升金融资源配置效率。提高直接融资比重，促进多层次资本市场健康发展，推进

---

[1]《中共中央关于制定国民经济和社会发展第十四个五年规划和二〇三五年远景目标的建议》，人民出版社 2020 年版，第 17—18 页。

[2]《中共中央关于坚持和完善中国特色社会主义制度　推进国家治理体系和治理能力现代化若干重大问题的决定》，人民出版社 2019 年版，第 19 页。

金融双向开放。另一方面，注重金融稳定和金融安全，健全货币政策和宏观审慎政策双支柱调控框架，不断完善现代金融监管体系，提高金融监管透明度和法治化水平。此外，党的十九届五中全会要求建立现代金融体制，构建金融有效支持实体经济的体制机制，提高直接融资比重，健全市场化利率形成和传导机制，推进金融双向开放，提升金融科技水平，增强金融普惠性。

4. 地区开放释放了要素配置的国内空间

改革开放后，我国实行了区域非均衡协调发展的战略，形成了"经济特区—沿海开放城市—沿海经济开发区—内地"的分层次梯度转移的空间布局。沿海优先发展能够让高梯度地区先行开放，引进更多外资和技术再逐步向内陆低梯度地区渐次转移，这也是区域梯度转移理论成功实践。非均衡发展战略之后是 21 世纪后的区域总体发展战略，其依据东、中、西各地区的比较优势进行功能定位。党的十八大以后，国家推进区域协调发展战略，发挥地区的比较优势，促进要素合理流动，提升要素空间配置效率。推动西部大开发形成新格局，推动东北振兴取得新突破，促进中部地区加快崛起，鼓励东部地区加快推进现代化。[1]

党的十九大以来，推进区域协调发展和新型城镇化成为"贯彻新发展理念，建设现代化经济体系"的动力，注重构建区域协调发展体制机制，尤其是健全区域战略统筹、市场一体化发展、区域合作互助、区际利益补偿等机制；推进京津冀协同发展、长江经济带发展、粤港澳大湾区建设、长三角一体化发展，打造创新平台和新增长极，[2] 我国进入了城市群驱动发展模式的新阶段，形成"以城市群为主体构建大中小城市和小城镇协调发展的城镇格局"[3]，更加注重空

---

[1] 习近平：《推动形成优势互补高质量发展的区域经济布局》，《求是》2019 年第 24 期。
[2] 《中共中央关于制定国民经济和社会发展第十四个五年规划和二〇三五年远景目标的建议》，人民出版社 2020 年版，第 17—18 页。
[3] 《中国共产党第十九次全国代表大会文件汇编》，人民出版社 2017 年版，第 25 页。

间一体化和要素协同发展，打破了传统城镇化过程中要素分割格局。党的十九届五中全会进一步将推动区域协调发展和以人为核心的新型城镇化作为构建新发展格局的重要战略。

5. 对外开放释放了要素配置的国际空间

从4个经济特区到沿海14个开放城市，再到沿长江经济带和内陆全面开放，对外开放的空间的拓展使各地区充分利用自身的要素禀赋扩大对外贸易、吸引外资流入。一方面，来自发达国家的先进技术、各类创新要素流入弥补了我国要素结构中的短板，并刺激国内加速高端要素的自主培育；另一方面，中国企业和各类创新要素通过参与跨国投资和贸易，实现了要素在全球范围内实现配置优化，全球化和自由贸易网络更加稳定繁荣。

党的十八大以来，依托我国大市场优势，适时提出了打造陆海内外联动、东西双向开放的全面开放新格局。一是推进形成全面开放新格局，回答了中国需要什么样的开放、如何更好推动开放等重大命题。这既包括开放范围扩大、领域拓宽、层次加深，又涉及开放方式创新、布局优化、质量提升，尤其是要素和商品"引进来"与"走出去"双向流动开放格局、陆海内外联动格局、东西双向开放格局。[1] 二是实行更高水平的对外开放。这不仅包括推进贸易强国建设、促进贸易和投资自由化便利化、创新对外投资和贸易方式、加速多边开放与区域开放相结合，而且涉及要素驱动向创新驱动的转变，规模速度型向质量效益型的转变。[2] 党的十九届五中全会提出，实行高水平对外开放，开拓合作共赢新局面。通过高水平对外开放形成面向全球的贸易、投融资、生产、服务网络，带动我国企业在全球产业链、价值链、创新链地位的跃升，同时又让

---

[1] 汪洋:《推动形成全面开放新格局》,《人民日报》2017年11月10日。
[2] 中共中央党校编:《习近平新时代中国特色社会主义思想基本问题》,人民出版社、中共中央党校出版社2020年版,第184页。

世界共享中国的开放，为全球提供包容互惠发展的公共产品。

（二）"两大布局"中赶超增长的原创性理论

改革开放以来的中国经济增长虽然是通过各种政策措施来实现的，但它有一条总线，即社会主义与市场经济的有机结合，这是中国特色社会主义制度的伟大创举。但变革势必是经历了不同利益取向的群体之间反复博弈之后的产物，改革采取了试验—试错—推广的方式，并且改革在多个领域同时推进，总量改革和结构改革又贯穿在一起，进程并非直线式的，而是时常有曲折和反复。[3] 这样的改革特征，对理论的提炼形成了挑战，对理论的创新提供了难得机会。

1. 以要素解放及其配置效率提升为特征的中国式赶超路径理论

改革开放以来中国经济赶超增长的分析框架，不仅涉及经济增长的一般性规律，而且需要将中国社会主义市场经济体制建立与改革开放实践的整个过程贯穿起来。具体以要素的配置效率作为逻辑主线构建中国经济赶超增长的理论框架，揭示改革开放以来中国经济增长奇迹的奥秘。推动要素解放和配置效率提升，这是中国经济赶超增长理论的逻辑主线：后进国家存在着后发优势，尤其是对于人口规模和潜在市场规模大的国家，通过工业化、城镇化和对外贸易等渠道实现要素积累、规模经济、技术进步和结构调整，进而带来显著的赶超增长，并在长期实践中形成了自己的发展理论。

在工业化发展道路上形成了新型工业化理论。改革开放 40 多年来，中国工业发展战略经历了从重化工业优先发展向一般加工工业发展，进而到基于"两化融合"的新型工业化发展，再到瞄准"制造强国"目标的新型工业化发展的多次调整。工业化的逻辑包括市场开放促进传统工业发展并加速转型、以"制造强国"为目标的新型工业化变革、以结构优化推进中国工业现代化和绿色发

---

[3] 吴敬琏对中国的改革特征做了翔实的学理剖析，参见吴敬琏：《当代中国经济改革教程》，上海远东出版社 2010 年版。

展道路。

在城镇化发展道路上创新出了新型城镇化理论。改革开放 40 多年来，中国城镇化发展战略历经"抓小控大"的城镇化道路（1979—1992 年）、重视小城镇发展的城镇化道路（1993—2002 年）、中国特色的城镇化道路（2002—2013年）、新型城镇化道路（2014 年以后）。中国城镇化道路的逻辑在于要素城乡配置的调整与优化，注重完善城镇体系提升要素配置效率，从大中小城市协调发展到以城市群为主体构建大中小城市和小城镇协调发展的城镇格局，通过实施区域重大战略、区域协调发展战略、主体功能区战略，健全区域协调发展体制机制，推进以人为核心的新型城镇化。[1]

在对外开放部门改革中产生了"世界工厂"理论。工业化战略总是与对外开放相互依存。在改革开放后的第一阶段，贸易战略是出口导向和进口替代相结合；到第二阶段，实施出口导向的贸易战略，世界第一贸易大国诞生；到第三阶段，就是从贸易大国走向贸易强国，实行全面开放新格局下的贸易战略。"世界工厂"地位是我国经济进一步赶超和实现国内大循环的"底气"。2010 年以来，中国工业产值超过美国。作为"世界工厂"，中国的开放大门只会越开越大，开放的增长效应、结构效应和规模报酬递增效应越来越显著。

2. 以供给侧结构性改革为主线的全要素生产率提升理论

中国经济赶超增长理论的逻辑不仅是劳动力、资本等要素的流动与配置效率提升，更是全要素生产率的提升。全要素生产率反映一国经济增长中不能为生产要素投入所解释的部分，是衡量经济增长效率和长期技术进步的重要指标，其主要来源于技术进步、规模效应和资源效率的优化，这尤其对应着我国经济已由高速增长阶段转向高质量发展阶段的现实。供给侧结构性改革就是通过优

---

[1]《中共中央关于制定国民经济和社会发展第十三个五年规划的建议》，载《十八大以来重要文献选编》(中)，中央文献出版社 2016 年版，第 801 页。

化生产要素配置和组合，提高生产要素利用水平，促进全要素生产率提高，不断增强经济内生增长动力。党的十九大提出的"质量变革、效率变革、动力变革"，其关键就在于全要素生产率的变革。[1] 党的十九届五中全会强调，在全面建设社会主义现代化国家的新征程上，要以推动高质量发展为主题，以深化供给侧结构性改革为主线。

供给侧结构性改革是适应和引领新发展阶段的重大理论创新。在理论形成的背景上，"我国经济运行面临的突出矛盾和问题，虽然有周期性、总量性因素，但根源是重大结构性失衡"[2]。在理论内涵上，要求"在适度扩大总需求的同时，着力加强供给侧结构性改革，着力提高供给体系质量和效率，增强经济持续增长动力，推动我国社会生产力水平实现整体跃升"[3]；供给侧结构性改革旨在提高供给质量，通过推进结构调整，矫正要素配置扭曲，扩大有效供给，提高供给结构对需求变化的适应性和灵活性，提高全要素生产率。[4] 在理论外延上，"供给和需求是市场经济内在关系的两个基本方面，是既对立又统一的辩证关系，二者你离不开我、我离不开你，相互依存、互为条件。没有需求，供给就无从实现，新的需求可以催生新的供给；没有供给，需求就无法满足，新的供给可以创造新的需求"。[5] 显然，供给侧结构性改革和需求侧管理是相辅相成、相互促进的。

3. 以推动经济发展方式转变为目的的新发展理念

改革开放以来，基于大量剩余劳动力的投资驱动型增长方式，是经济发展

---

[1]《中国共产党第十九次全国代表大会文件汇编》，人民出版社 2017 年版，第 24 页。

[2] 习近平总书记在 2015 年 11 月中央财经领导小组第 11 次会议上首次提出"供给侧结构性改革"时对当前发展形势做出科学判断。

[3]《习近平新时代中国特色社会主义思想学习纲要》，学习出版社、人民出版社 2019 年版。

[4] 习近平：《主动适应、把握、引领经济发展新常态，着力推进供给侧结构性改革》，《党的文献》2017 年第 4 期。

[5]《习近平谈治国理政》第 2 卷，外文出版社 2017 年版，第 252 页。

第一阶段的重要特征。2008 年国际金融危机以后，世界经济进入衰退期，以投资拉动为特征的增长模式面临挑战。新常态下的中国经济增速仍一直是世界主要经济体中最高的国家，仍在演绎着赶超增长的奇迹，这得益于中国转变经济发展方式的伟大改革。我国经济增长方式转变理论刻画了经济增长动能和模式是如何实现转换的，即经济增长动能由不可持续性向可持续性转变、增长方式由粗放型向集约型转变，其中主要包括由出口拉动向出口、消费、投资协调发展转变，由投资拉动型向技术进步型转变，由第二产业带动向三大产业协调发展转变，由技术引进型向自主创新型转变，由资源环境消耗型向资源节约和环境友好型转变。创新、协调、绿色、开放、共享的新发展理念就是经济发展方式转变理论的集中归纳。

针对我国经济发展环境、条件、任务、要求等方面发生的新变化，党的十八届五中全会系统提出了新发展理念，对经济增长的动力、方式、要素和目标等作出了新的理论阐述，是关于经济高质量发展的理论创新，回答了中国"实现什么样的发展、怎样发展"这一重大发展问题。[1] 创新是引领发展的第一动力，注重的是解决发展动力问题。协调是持续健康发展的内在要求，注重的是解决发展不平衡问题，增强发展的整体性。绿色是永续发展的必要条件和人民对美好生活追求的重要体现，注重的是解决人与自然和谐共生问题。开放是国家繁荣发展的必由之路，注重的是解决发展内外联动问题，坚持互利共赢的开放战略，实现内外需协调、进出口平衡、引进来和走出去并重。共享是中国特色社会主义的本质要求，注重的是解决社会公平正义问题，坚持发展为了人民、发展依靠人民、发展成果由人民共享。[2]

---

[1] 习近平：《深入理解新发展理念》，《求是》2019 年第 10 期。
[2] 韩文秀：《完整准确全面理解和贯彻新发展理念》，《人民日报》2021 年 3 月 22 日。

4. 具有赶超增长效应的对外开放理论

以开放促改革，是我国现代化建设不断取得新成就的重要法宝。对外开放既涉及微观层面的外贸企业开放、外资企业开放、产品市场开放，还关系到宏观层面的地区开放、开放政策以及工业化和城镇化进程，既具有增长效应，又具有结构效应。具有增长效应的对外开放的逻辑就在于促进要素积累和流动，提高了全球化配置效率。该领域形成了两大理论：

（1）利用国际国内两个市场、两种资源理论。对外开放尤其是加入 WTO 以后，对外贸易与外资流入使国内的劳动力、资本、资源等要素实现了跨区域自由流动和配置效率提升，推动贸易产品结构由从低附加值到高附加值产品的转型升级。党的十八大以后，中国的对外开放环境发生了新的变化。与过去重在引进有所不同，开放战略坚持"引进来"和"走出去"并重，形成"陆海内外联动、东西双向互济的开放格局"[1]；与过去以资源禀赋的比较优势被动地嵌入全球化不同，参与全球化分工将由比较优势转向竞争优势；与过去以资源禀赋的比较优势嵌入全球价值链不同，注重我国价值链在全球所处的位置。

（2）开放的技术进步与产业升级理论。中国的对外贸易基于"市场换技术"的开放思维，依托高速增长的 FDI 和进出口贸易，采取外商独资、中外合资、中外合作、技术进口、兼并收购等多种形式，逐渐形成了"引进—模仿—吸收—自主创新"的技术创新逻辑，从而推动了中国由贸易弱国到贸易大国、再从贸易大国向贸易强国迈进的伟大转型。一方面，来自西方发达国家的先进技术、创新要素的流入弥补了我国要素结构中的短板，加速了国内的技术进步；另一方面，中国企业参与跨国投资和贸易，融入全球产业链、创新链和价值链，增强了要素的全球配置能力。

---

[1]《中国共产党第十九次全国代表大会文件汇编》，人民出版社 2017 年版，第 28 页。

四、"两大布局"中结构转型的规律性成果与原创性理论

（一）"两大布局"中结构转型的规律性成果

1. "有效市场"与"有为政府"的有机结合

中国从"赶超型增长"到"结构失衡的增长"，再转向"结构协调的增长"，既离不开原来增长机制的路径依赖，又必须找到新的增长机制，还涉及诸如经济方式转变、利益分享机制等一系列复杂问题。经济增长和结构性改革的逻辑在于坚持"有效市场"与"有为政府"的辩证统一，在结构性改革实践中正确处理了政府与市场的关系、经济结构转型的路径选择、区域协调发展战略安排等一系列复杂问题。在结构性改革的制度安排上，既有诱致性制度安排，又有强制性制度安排；在结构性改革的路径上，从工业化到新型工业化，从城镇化到新型城镇化再到城市群发展模式。按照福利经济学第一定理，资源配置效率取决于市场竞争。结构性改革坚持社会主义市场经济改革方向，采取渐进式模式，从增量改革开始，在获得成功经验之后进行"整体推进改革"和"全面深化改革"。在对市场作用的认识上，从最初的"资源配置的手段"，到"市场调节为辅"，到"市场对资源配置起基础性作用"，再到"使市场在资源配置中起决定性作用"。党的十四大提出，"要使市场在社会主义国家宏观调控下对资源配置起基础性作用"；党的十六大强调，"在更大程度上发挥市场在资源配置中的基础性作用"。党的十八届三中全会将政府与市场关系升华到新的高度，"使市场在资源配置中起决定性作用和更好发挥政府作用"，"凡是能由市场形成价格的都交给市场，政府不进行不当干预"[1]，将政府定价范围限定在市场失灵的领域，也就是市场价格机制、竞争机制不能有效发挥的领域，将"市场机制能有效调节的经济活动"作为政府审批的边界。

---

[1]《中共中央关于全面深化改革若干重大问题的决定》，载《十八大以来重要文献选编》（上），中央文献出版社 2014 年版，第 498、517—518 页。

"有效市场"与"有为政府"的有机结合不仅是经济增长奇迹的逻辑，而且是经济结构转型顺利推进的基本经验。自国家"十五"计划中提出经济结构战略性调整任务以来，我国经济增长的动力结构日趋合理，消费成为拉动经济增长的主要动力，产业结构加速优化，第三产业成为拉动经济增长的主导力量。党的十八大以来，我国"坚持把经济结构战略性调整作为加快转变经济发展方式的主攻方向"，"以改善需求结构、优化产业结构、促进区域协调发展、推进城镇化为重点，着力解决制约经济持续健康发展的重大结构性问题"[1]。政府在哪些领域有所进、在哪些领域有所退，贯穿于结构调整的全过程。政府与市场的关系问题实际上就是"管"与"放"的问题。对于如何把握好"管"与"放"的力度和节奏，应坚持"不该管的事交给市场"，"该管的事一定要管好、管到位，该放的权一定要放足、放到位"[2]。

2. 规模经济与报酬递增效应的相互促进

自新增长理论以来，人们日益认识到规模报酬递增和不完全竞争的作用，越来越多的经济活动中存在着规模报酬递增现象，进而成为经济增长的源泉，这使经济理论能更加契合政策制定者的需求。后进国家的发展过程中存在系统性的高收益、高增长部门，动员大量资源配置到这些部门就会产生显著的规模报酬递增，结构性的配置调整带来了明显的赶超增长，[3] 中国的经济发展奇迹也刚好证实了这一逻辑。这些系统性的高收益与高增长部门的扩张带来规模报酬递增，无外乎三条路径：一是政府主导的工业化，政府动员资源并配置到高增

---

［1］《坚定不移沿着中国特色社会主义道路前进 为全面建成小康社会而奋斗》，载《十八大以来重要文献选编》（上），中央文献出版社 2014 年版，第 17 页。

［2］习近平：《正确发挥市场作用和政府作用 推动经济社会持续健康发展》，《人民日报》2014年 5 月 28 日。

［3］Jones, C. I., & Romer, P. M., The New Kaldor Facts: Ideas, Institutions, Population, and Human Capital. *American Economic Journal: Macroeconomics*, 2010, 2（1），224—245；Helpman, E., *The Mystery of Economic Growth*, Cambridge, MA: Harvard University Press, 2004.

长的工业部门，中国在很短的时间里就成为"世界工厂"；二是市场开放带来显著的规模经济效应，在加入WTO后不到10年的时间里，中国就成为世界贸易大国；三是快速的城市化带来了显著的集聚效应和规模报酬递增。

规模报酬递增效应既是经济赶超的动力，又是结构转型的逻辑，集中体现在完整的工业体系和快速的城市化进程上，而且与成为"世界工厂"和贸易大国的交织在一起。开放促进了规模报酬递增，并倒逼改革，那些阻碍资源配置效率的体制性因素不断得以消除，这也是成功实现工业化国家的典型经验。[1] "中国制造"基于长期形成的传统优势和完整的工业体系，实施新型工业化战略，注重以技术创新和结构优化推进中国工业现代化。一方面，推动生产型制造向服务型制造转变。在工业化后期，典型工业化国家普遍出现了制造业"服务化"、服务业"专业化"的趋势。另一方面，结构优化的重点是发展先进制造业和战略性新兴产业。产业结构调整注重产业向价值链高端转移，结构性改革日益聚焦于专业化和创新驱动上。此外，经济发展从多元化转向专业化，专业化要依赖于市场规模的扩大且又能充分发挥规模经济的优势。中等收入国家通常经历了经济从多样化转向专业化的过程，从重视投资转而重视创新，现在的中国正面临着这种转变。

3. 经济红利释放及其合理分配的相互协调

经济增长由于规模报酬递增的推动带来了大量的经济红利，但是这些经济红利是否公平分配直接影响着经济能否长期增长。首先，城市及城市群是经济增长的主要空间，政府应该采取更多的措施保证城市的活力。城市反映着规模经济，是规模报酬递增现象的重要载体，城市化通过要素和产业集聚效应提高了资源的配置效率。城市推动着劳动力、资金、知识和技术要素的集聚，中国

---

[1] 国务院发展研究中心课题组：《中国经济增长十年展望：寻找新的动力和平衡》，中信出版社2013年版。

要追赶世界技术前沿，大城市和城市群才是创新的核心承载区。其次，市场开放充分利用了规模经济，同时还带来更多的技能回报和更大的要素溢价。政府要尽可能使要素溢价保持在合理水平，注重选择合适的财税等制度，对政府收入进行合理的再分配。例如，将部分城市化的土地溢价运用于基础设施的改善上，这既能缩小城乡差距，又保持城市活力。

要素红利释放及其合理分配的空间战略布局，集中体现在从促进大中小城市协调发展到城乡一体化发展上：一是大中小城市协调发展的城市体系。新型城镇化不仅要求中心城市功能深化和能级提升，而且强调中小城市主动融入紧邻大城市和特大城市，既享受知识、技术和市场的溢出效应和辐射效应，也能缓解大城市的人口压力和资源约束，有序承接产业转移。[1] 二是以城乡发展一体化为纽带提升城镇化质量。城镇化质量的提升除了体现在真实人口城市化、要素配置效率提升外，还体现在城乡发展一体化质量上。为逐步缩小城乡差距，促进城镇化和新农村建设协调推进，我国坚持工业反哺农业、城市支持农村的发展战略，加快消除城乡二元结构的体制机制障碍，实现城镇带动农村发展以及农村支持城镇发展的良性循环。[2] 三是城市群驱动经济增长的新模式。用城市群的协调发展来代替单一的城市规模过度膨胀，这是城市生态从"建城"到"扩城"再到"联城"的动态演进过程。我国已基本形成了"菱形"的京津冀、长江三角洲、粤港澳大湾区和成渝城市群。城市化的空间集聚与规模经济效应推动着技术创新、服务经济以及消费水平的提高。从理论上讲，城市化率和投资率呈倒 U 形关系，消费率则呈 U 形趋势；随着城市化水平的快速提高，经济结构将由投资拉动演变为消费拉动。

---

[1] 中共中央、国务院：《国家新型城镇化规划（2014—2020 年）》《人民日报》2014 年 3 月 17 日；习近平：《推动形成优势互补高质量发展的区域经济布局》，《求是》2019 年第 24 期。

[2] 中共中央、国务院：《国家新型城镇化规划（2014—2020 年）》。

（二）"两大布局"中结构转型的原创性理论

1. 以结构促增长为特征的新发展阶段理论

经济进入新常态以后，我国启动结构性改革，一个根本的原因是我国已转向高质量发展阶段。高质量发展是新发展阶段的内在要求，高质量发展就是要求结构协调和优化。阻碍高质量发展的因素日益集中于"结构性障碍"。在供需协调匹配上，通过深化供给侧结构性改革，既提升供给体系适配性，又提高供给适应并引领创造新需求的能力。优化提升供给结构，调整需求结构，构建完整的内需体系，优化投资需求结构。在产业结构上，加快发展现代产业体系，这不仅涉及制造业与服务业的结构协调，而且要推动制造业结构升级，构建合理的战略性新兴产业增长引擎和服务产业新体系。在城乡与区域的结构上，不仅加快推进以人为核心的新型城镇化，统筹推进户籍制度改革和城镇基本公共服务常住人口全覆盖，而且要着重提升城镇化发展质量，以京津冀、粤港澳大湾区、长三角一体化等城市群发展为重点深入实施区域重大战略，以深入推进西部大开发、东北全面振兴、中部地区崛起、东部率先发展为主要抓手深入实施区域协调发展战略。[1]

2. 系统性、整体性与协同性相统一的全面深化改革理论

党的十八届三中全会对全面深化改革作出了顶层设计和全面部署，统筹推进"五位一体"总体布局、协调推进"四个全面"战略布局，到2020年底，各方面共推出2485个改革方案。全面深化改革的总目标是完善和发展中国特色社会主义制度，推进国家治理体系和治理能力现代化，体现了党对改革认识的深化和系统化，是党的理论创新进程中一个重大突破。[2] 一方面，以经济体制改

---

[1]《中共中央关于制定国民经济和社会发展第十四个五年规划和二〇三五年远景目标的建议》，人民出版社2020年版，第24页。
[2]《习近平关于全面深化改革论述摘编》，中央文献出版社2014年版，第26页。

革为重点，发挥经济体制改革牵引作用，推动生产关系同生产力、上层建筑同经济基础相适应；另一方面，更加注重改革的系统性、整体性、协同性，避免"碎片化"，厘清重大改革的逻辑关系，"建设社会主义市场经济、民主政治、先进文化、和谐社会、生态文明，协同推进人民富裕、国家强盛、中国美丽"[1]。全面深化改革是一场发展理论的变革，其针对的是经济长期高速增长过程中不断积累的一系列深层次矛盾，并且不仅仅是经济层面的问题，而是涉及更多领域、更深层次乃至利益固化的藩篱。全面深化改革将这场伟大觉醒引向更高境界：创造性提出全面深化改革的价值取向，强调改革要以促进社会公平正义、增进人民福祉为出发点和落脚点；创造性提出全面深化改革的主攻方向和路线图，回答了各领域改革中具有方向性、全局性、战略性问题。[2] 围绕国家治理体系和治理能力建设现代化的目标，从以经济体制改革为主到全面深化经济、政治、文化、社会、生态文明体制和党的建设制度改革，"相比过去……很重要的一点就是制度建设分量更重，改革更多面对的是深层次体制机制问题，对改革顶层设计的要求更高，对改革的系统性、整体性、协同性要求更强，相应地建章立制、构建体系的任务更重"[3]。

在全面深化改革中，逐渐形成了经济结构转型的宏观调控理论，即以国家发展规划为战略导向，以财政政策、货币政策和就业优先政策为主要手段，投资、消费、产业、区域等政策协同发力的宏观调控制度体系，增强宏观调控前瞻性、针对性、协同性，更好发挥财政政策、货币政策和产业政策对经济结构

---

［1］《中共中央关于全面深化改革若干重大问题的决定》（2013 年 11 月 12 日），载《十八大以来重要文献选编》（上），中央文献出版社 2014 年版，第 350 页。

［2］《新时代的伟大变革——党的十八届三中全会以来以习近平同志为核心的党中央推进全面深化改革纪实》，新华社 2021 年 3 月 18 日。

［3］习近平：《关于〈中共中央关于坚持和完善中国特色社会主义制度　推进国家治理体系和治理能力现代化若干重大问题的决定〉的说明》，新华社 2019 年 11 月 5 日。

优化升级的支持作用。[1] 在财政政策的运用上，建立权责清晰、财力协调、区域均衡的中央和地方财政关系；在货币政策的运用上，构建宏观审慎政策和金融监管协调机制，推动货币政策从数量型调控为主向价格型调控为主转型；在产业政策运用上，推动其向普惠化和功能性转型，促进产业政策和竞争政策的协调。

3. 具有结构改革效应的全面开放新格局理论

具有结构性改革效应的开放理论集中体现为全面开放新格局理论，系统回答了新时代高质量发展的中国需要什么样的开放、如何更好推动开放等重大命题。[2] 首先，开放范围扩大、领域拓宽、层次加深。形成要素和商品"引进来"与"走出去"双向流动开放格局、陆海内外联动格局（沿海开放与内陆沿边开放相结合）、东西双向开放格局（向发达国家开放与向发展中国家开放相结合）；扩大同各国的利益交汇点，推进大国的经贸协调与合作，以"一带一路"建设为重点构建对外开放新格局，建设自由贸易试验区、自由贸易港等对外开放新高地。[3] 其次，实行更高水平的开放。这既要实施更大范围、更宽领域、更深层次对外开放，又要建设更高水平开放型经济新体制；既要促进国际合作、实现互利共赢，又要积极参与全球经济治理体系改革。[4] 最后，加速由商品和要素流动型开放向规则标准等制度型开放转变。服务经济是规则、规制、管理和标准高度依赖型经济，推进规则、规制、标准、管理等制度型开放，是形成以服务经济为重点高水平开放新格局的内在需求，并成为服务经济领域改革系统

---

[1] 《中共中央关于坚持和完善中国特色社会主义制度　推进国家治理体系和治理能力现代化若干重大问题的决定》，人民出版社 2019 年版，第 15—18 页。

[2] 全面开放新格局理论是在准确理解经济全球化趋势，对全球增长动能不足、全球经济治理滞后、全球发展失衡等突出矛盾的解决做出科学判断的基础上提出的。参见习近平：《共担时代责任，共促全球发展》，《求是》2020 年第 24 期。

[3] 《中国共产党第十九次全国代表大会文件汇编》，人民出版社 2017 年版，第 30 页。

[4] 汪洋：《推动形成全面开放新格局》，《人民日报》2017 年 11 月 10 日。

集成的引擎。全球高标准国际经贸新规则和新议题不断涌现，呈现出开放政策制度由边境向边境内延伸、开放政策制度体系的系统集成程度更高、开放政策制度由标准化向定制化转变等新的特征和趋势。

4. 以国内大循环为主体、国内国际双循环相互促进的新发展格局理论

面临错综复杂的国际形势、艰巨繁重的国内改革发展稳定任务尤其是新冠肺炎疫情严重冲击。构建以国内大循环为主体、国内国际双循环相互促进的新发展格局，这是党中央统筹"世界百年未有之大变局"和"中华民族伟大复兴战略全局"，"根据我国发展阶段、环境、条件变化作出的战略决策，是事关全局的系统性深层次变革"，进一步丰富和发展了中国特色社会主义政治经济学。[1] "以国内大循环为主体"，要求畅通国内大循环，依托强大国内市场，形成需求牵引供给、供给创造需求的更高水平动态平衡。"国内国际双循环相互促进"，则要求协同推进强大国内市场和贸易强国建设，以国内大循环吸引全球资源要素，推进更高水平的对外开放，并以国际循环提升国内大循环效率和水平。

新发展格局理论的内涵和依据集中体现在两个方面：一是超大规模内需市场与国内大循环。大国经济的第一个显著特征和优势是超大规模内需市场。我国是全球最大且最具有潜力的消费市场，这为新技术、新产业、新业态的发展提供了占领先机的机会和优势。大国经济的第二个显著特征和优势是拥有全球最完整、规模最大的工业体系。畅通国内大循环后，超大市场规模的优势和完整的工业体系就成为提升产业链、价值链、创新链和供应链现代化水平的新优势。将构建新发展格局与创新驱动发展、现代产业体系更好地结合起来，将扩

---

[1] 自 2020 年 4 月，习近平总书记在中央财经委员会第七次会议上首次提到"新发展格局"概念以来，从当初的"逐步形成"到"加快形成"再到 2021 年 9 月中央全面深化改革委员会第十五次会议上开始的"加快构建"新发展格局，直至党的十九届五中全会形成了完整的新发展格局理论。参见《中共中央关于制定国民经济和社会发展第十四个五年规划和二〇三五年远景目标的建议》，人民出版社 2020 年版，第 4 页。

大内需战略和推进区域协调发展、推进以人为核心的新型城镇化有机结合。二是世界工厂优势与国内国际双循环。新发展格局不是封闭的国内循环，而是开放的国内国际双循环。实施扩大内需战略和实行高水平对外开放并不是相互矛盾的，而是相辅相成的。国内循环越顺畅，越能形成对全球资源要素的引力场，越有利于重塑我国国际合作和竞争新优势。

第六章

"两大布局"的发展理论体系

一、"两大布局"发展理论体系形成的背景

发展是党执政兴国的第一要务，"两大布局"就是关于发展的理论。改革开放以来，我们用几十年的时间走完了发达国家几百年走过的发展历程，中国特色社会主义事业蓬勃发展、成就举世瞩目，蕴藏着理论创造的巨大动力、活力和潜力。"五位一体"总体布局统领中国式现代化新道路的全面性，"四个全面"战略布局确保中国式现代化新道路的战略性，"两大布局"彰显了中国式现代化新道路的系统观念，"两大布局"激发了中国式现代化新道路的能动性。在全面建设社会主义现代化国家新征程中，"两大布局"既是决胜全面建设小康社会、如期实现第一个百年目标的法宝，更是完善和发展中国特色社会主义制度、推进国家治理体系和治理能力现代化的理论指导，是立足新发展阶段，完整、准确、全面贯彻新发展理念，构建新发展格局，推动高质量发展的行动指南。

中国共产党的历史就是一部不断推进马克思主义中国化的历史，一部不断推进理论创新、进行理论创造的历史。党的十九届六中全会将"坚持理论创新"作为中国共产党百年奋斗的十条历史经验之一，深刻总结了马克思主义中国化的"三次飞跃"——"第一次历史性飞跃"和两次"新的飞跃"。毛泽东思想是马克思列宁主义在中国的创造性运用和发展，是被实践证明了的关于中国革命和建设的正确的理论原则和经验总结，是马克思主义中国化的第一次历史性飞

跃。[1] 党的十一届三中全会以后，从邓小平理论到"三个代表"重要思想再到科学发展观，形成了中国特色社会主义理论体系，实现了马克思主义中国化新的飞跃；党的十八大以来，中国特色社会主义进入新时代，创立了习近平新时代中国特色社会主义思想，实现了马克思主义中国化新的飞跃。[2]

在马克思主义中国化新的飞跃中，"现代化"是其中的关键词，在党的十九届六中全会决议中出现了 45 次，主要集中于党的十一届三中全会之后开启了改革开放和社会主义现代化建设新时期，以及党的十八大以来开创的中国特色社会主义新时代。《中共中央关于党的百年奋斗重大成就和历史经验的决议》确立了习近平新时代中国特色社会主义思想的指导地位，其核心内容包含"十大明确"，其中第二个明确就是关于"中国式现代化"，即"坚持和发展中国特色社会主义，总任务是实现社会主义现代化和中华民族伟大复兴，在全面建成小康社会的基础上，分两步走在本世纪中叶建成富强民主文明和谐美丽的社会主义现代化强国，以中国式现代化推进中华民族伟大复兴"[3]。党的十九届六中全会总结了中国共产党百年奋斗的五大历史意义，其中之一就是关于"中国式现代化"的世界意义，"党领导人民成功走出中国式现代化道路，创造了人类文明新形态，拓展了发展中国家走向现代化的途径，给世界上那些既希望加快发展又希望保持自身独立性的国家和民族提供了全新选择"[4]。

党的十九大对实现第二个百年奋斗目标作出分两个阶段推进的战略安排，在建党百年历史条件下开启全面建设社会主义现代化国家新征程。习近平总书记指出："当代中国的伟大社会变革，不是简单延续我国历史文化的母版，不是

---

［1］《中共中央关于党的百年奋斗重大成就和历史经验的决议》，人民出版社 2021 年版，第 13 页。

［2］ 同上书，第 23 页。

［3］ 同上书，第 24 页。

［4］ 同上书，第 64 页。

简单套用马克思主义经典作家设想的模板，不是其他国家社会主义实践的再版，也不是国外现代化发展的翻版。"[1] 党领导人民成功走出中国式现代化道路，创造了人类文明新形态，尤其是党的十八大以来，中国式现代化新道路有着丰富的实践与理论创新。习近平新时代中国特色社会主义思想明确，"中国特色社会主义事业总体布局是经济建设、政治建设、文化建设、社会建设、生态文明建设五位一体，战略布局是全面建设社会主义现代化国家、全面深化改革、全面依法治国、全面从严治党四个全面"[2]。这"两大布局"着眼于"建设什么样的社会主义现代化强国、怎样建设社会主义现代化强国"，推动着中国发展道路的飞跃。

"两大布局"遵循了马克思主义社会有机体论，强调人、自然和社会结构等各要素在社会矛盾运动中的有机统一，包括人的实践活动和社会关系的总和。"两大布局"运用辩证唯物主义、历史唯物主义以及全面联系发展看问题的世界观和方法论，充分体现了全局思维、战略思维、辩证思维和系统思维，贯穿整体推进论与协调推进论，注重现代化建设各方面的相互协调，促进生产关系与生产力、上层建筑与经济基础相互适应。"两大布局"根植于社会主义初级阶段的基本国情，着眼于实现"两个一百年"奋斗目标。对应于第一个百年奋斗目标，"四个全面"战略布局的目标是全面建成小康社会；对应于第二个百年目标，"四个全面"战略布局的目标是"全面建设社会主义现代化国家"。"五位一体"总体布局旨在实现社会主义现代化和中华民族伟大复兴，对应的是第二个百年奋斗目标。在实现"两个一百年"奋斗目标中，都是经济建设、政治建设、文化建设、社会建设与生态文明建设五个方面的协调统一、齐头并进的结果，

---

[1]《中共中央关于党的百年奋斗重大成就和历史经验的决议》，人民出版社 2021 年版，第67 页。

[2] 同上书，第 24 页。

不是某个单一方面的发展。在推进中国式现代化新道路上，"五位一体"具有长期性和战略指导性，"四个全面"具有阶段性和现实指向性，两者是整体规划和重点推进的有机统一、长远目标与阶段任务的有机统一。

党的十九届六中全会确立了习近平新时代中国特色社会主义思想的指导地位，"五位一体"总体布局和"四个全面"战略布局是习近平新时代中国特色社会主义思想的重要组成部分。"两大布局"讲清楚了新时代中国"干什么""怎么干"的重大问题，推动着中国式现代化理论的新飞跃。在新时代中国特色社会主义的伟大成就中，"两大布局"作为坚持和完善中国特色社会主义制度、推进国家治理体系和治理能力现代化的理论指导；在全面建设社会主义现代化国家新征程中，以"两大布局"作为全面深化改革开放，立足新发展阶段，完整、准确、全面贯彻新发展理念，构建新发展格局，推动高质量发展的行动指南。我们坚持和发展中国特色社会主义，创造了中国式现代化新道路，创造了人类文明新形态，拓展了发展中国家走向现代化的途径。"两大布局"不仅是中国式现代化新道路的重大理论创新，而且是对人类文明发展观的丰富和发展。

二、"两大布局"发展理论体系的基本特征

（一）"五位一体"总体布局统领中国发展的全面性

党的十九大提出的"基本实现社会主义现代化"和"建成社会主义现代化强国"强调的是全面性的现代化，包含物质文明、政治文明、精神文明、社会文明、生态文明的全面提升。[1] 习近平新时代中国特色社会主义思想深刻阐明了统筹推进"五位一体"总体布局的目标方向和战略部署，涉及生产力与生产

---

[1]《中国共产党第十九次全国代表大会文件汇编》，人民出版社 2017 年版，第 36—37 页。

关系、经济基础与上层建筑各个环节，贯通中国发展进程的各个方面，是中国共产党对社会主义建设实践经验的科学总结，是党对社会主义建设规律认识不断深化的重大成果：把握新发展阶段，贯彻创新、协调、绿色、开放、共享的新发展理念，加快构建新发展格局，推动高质量发展；[1] 坚持党的领导、人民当家作主、依法治国的有机统一，健全人民当家作主制度体系；坚定文化自信，建设社会主义文化强国；在社会建设上以促进社会公平正义、增进人民福祉为出发点和落脚点；加强生态文明制度建设，建设美丽中国。

"五位一体"总体布局是在中国特色社会主义伟大实践的过程中形成的，历经从物质文明、精神文明"两个文明"，到经济、政治、文化建设"三位一体"，经济、政治、文化、社会建设"四位一体"，再到"五位一体"，这是重大理论和实践创新，更带来了发展理念和发展方式的深刻转变。"我们实现了第一个百年奋斗目标，在中华大地上全面建成了小康社会，历史性地解决了绝对贫困问题，正在意气风发向着全面建成社会主义现代化强国的第二个百年奋斗目标迈进。"[2] "五位一体"总体布局理论正是适应了这一重大历史性变化，是对社会主义建设规律认识的新飞跃，追求的是全面发展。

（二）"四个全面"战略布局确保中国发展的战略性

中国的发展历来重视战略性安排，这不仅表现在国家的五年规划上，而且体现在党的各届全国代表大会和全委会的决议上。党的十八大以后逐渐形成的"四个全面"中的战略目标就是发展的战略目标。例如，第一个战略目标是"全面建成小康社会"，"实现这个目标是实现中华民族伟大复兴中国梦的关键一步"[3]，当第一个百年奋斗目标如期完成后，战略目标就确定为"全面建设

---

［1］《中共中央关于党的百年奋斗重大成就和历史经验的决议》，人民出版社 2021 年版，第 73 页。

［2］习近平：《在庆祝中国共产党成立 100 周年大会上的讲话》，人民出版社 2021 年版，第 2 页。

［3］《习近平关于协调推进"四个全面"战略布局论述摘编》，中央文献出版社 2015 年版，第 37 页。

社会主义现代化国家",朝着第二个百年奋斗目标奋进,全面深化改革、全面依法治国和全面从严治党是支撑全面建设社会主义现代化国家战略目标的战略举措。党的十九届六中全会将其明确为习近平新时代中国特色社会主义思想的重要内容:全面深化改革总目标是完善和发展中国特色社会主义制度、推进国家治理体系和治理能力现代化;全面推进依法治国总目标是建设中国特色社会主义法治体系、建设社会主义法治国家;全面从严治党要求全面推进党的政治建设、思想建设、组织建设、作风建设、纪律建设,把制度建设贯穿其中,以伟大自我革命引领伟大社会革命。[1] 党的十九大作出"两个阶段"的战略安排,到 2035 年,我国基本实现社会主义现代化,到新中国成立一百年时,把我国建成社会主义现代化强国。"四个全面"战略布局是我们党站在新的历史方位把握我国发展新特征确定的治国理政的新方略。中国的发展既是"一张蓝图绘到底",又是不断地与时俱进,既有战略定力,又有有效的实施措施。科学的发展战略与有效的治理体系,是顺利推进中国式现代化的重要保障。

(三)"两大布局"彰显中国发展的系统性

党的十九届六中全会提出,"加强顶层设计和整体谋划,增强改革的系统性、整体性、协同性"[2]。围绕党的十九大对全面建设社会主义现代化国家作出分阶段推进的战略安排,我们要全面贯彻习近平新时代中国特色社会主义思想,坚持系统观念,"立足新发展阶段、贯彻新发展理念、构建新发展格局、推动高质量发展,全面深化改革开放,促进共同富裕"[3]。"两大布局"正是对"实现什么样的发展,怎样发展"的科学回答,是习近平新时代中国特色社会主义思想的方法论。

---

[1]《中共中央关于党的百年奋斗重大成就和历史经验的决议》,人民出版社 2021 年版,第 25 页。

[2] 同上书,第 37 页。

[3] 同上书,第 73 页。

新发展阶段理论历经党的十八大提出的经济新常态、党的十九大提出的新的社会主要矛盾和高质量发展新阶段，到党的十九届五中全会确定了"新发展阶段"，即开启了实现第二个百年奋斗目标的新征程。党的十八届五中全会确立的新发展理念是一个系统的理论体系，回答了关于发展的目的、动力、方式、路径等一系列理论、实践和发展道路等重大问题。[1] 完整、准确、全面理解和贯彻新发展理念是全面建设社会主义现代化国家的思想引领和实践要求，与经济社会发展的多维度、多层次、多因素的整体性相适应，并且强调"统筹发展和安全"[2]。

党的十九届五中全会提出加快构建新发展格局，这是"根据我国发展阶段、环境、条件变化作出的战略决策，是事关全局的系统性深层次变革"[3]。新发展格局理论不仅具有科学依据，如超大规模内需市场优势、"世界工厂"优势等，而且具有显著的全局性与系统性。例如，坚持新发展格局与创新驱动发展战略更好结合，增强国民经济高质量发展的动力；坚持新发展格局与现代产业体系的更好结合，促进产业链的现代化；坚持新发展格局与构建高水平社会主义市场经济体制的更好结合，实现"有效市场"和"有为政府"的协调；坚持新发展格局与实行高水平对外开放的更好结合，实施更大范围、更宽领域、更深层次对外开放。

（四）"两大布局"激发中国发展的能动性

"党的十一届三中全会是划时代的，开启了改革开放和社会主义现代化建设新时期。党的十八届三中全会也是划时代的，实现改革由局部探索、破冰突

---

[1] 习近平：《在省部级主要领导干部学习贯彻党的十八届五中全会精神专题研讨班上的讲话》（2016年1月18日），人民出版社2016年版，第8—28页。

[2] 《中共中央关于制定国民经济和社会发展第十四个五年规划和二〇三五年远景目标的建议》，人民出版社2020年版，第36—38页。

[3] 同上书，第38页。

围到系统集成、全面深化的转变，开创了我国改革开放新局面。"[1]"两大布局"理论根植于我国改革开放新局面，逐步形成了中国式现代化是全面的现代化共识，并在推进中国式现代化的进程中，围绕经济、政治、文化、社会、生态等领域提出具体的目标，综合而成一个系统全面的目标体系，为全面现代化建设指明方向和路径。"两大布局"激发中国式现代化新道路的能动性主要体现在两个方面：一是以人民为中心的发展思想，"人民是历史的创造者，是决定党和国家前途命运的根本力量"[2]；二是全面深化改革开放，"改革只有进行时、没有完成时，停顿和倒退没有出路，必须以更大的政治勇气和智慧推进全面深化改革"[3]。"五位一体"总体布局和"四个全面"战略布局的动力，就在于坚持全面深化改革开放。

以人民为中心的发展思想是马克思主义人民观的坚持和发展，"两大布局"的立论依据就是马克思主义的人民观。人民群众缔造了现代化进程史上的伟大奇迹，在社会发展中居于主体和中心的地位。"坚持发展为了人民、发展依靠人民、发展成果由人民共享"[4]，促进人的全面发展。"五位一体"总体布局的实质在于，以社会的全面发展来实现人的全面发展。人民群众既是经济、政治、文化、社会和生态文明建设的主体力量，又是"五大建设"成果的受益者。"四个全面"战略布局强调人民利益至上。例如，全面建成小康社会是实现全体人民的小康，"让贫困人口和贫困地区同全国一道进入全面小康社会"。当全面建成小康社会的战略目标实现后，全面建设社会主义现代化国家就成为新的战略目标，而中国式现代化新道路是全体人民共同富裕的现代化。党的十九届六中全

[1][3]《中共中央关于党的百年奋斗重大成就和历史经验的决议》，人民出版社 2021 年版，第 37 页。

[2]《中国共产党第十九次全国代表大会文件汇编》，人民出版社 2017 年版，第 26 页。

[4]《中共中央关于党的百年奋斗重大成就和历史经验的决议》，人民出版社 2021 年版，第 66 页。

会明确将"坚持以人民为中心的发展思想"作为习近平新时代中国特色社会主义思想的重要内容,"发展全过程人民民主,推动人的全面发展、全体人民共同富裕取得更为明显的实质性进展"[1]。改革开放造就了中国发展奇迹,"是当代中国发展进步的活力之源,是我们党和人民大踏步赶上时代前进步伐的重要法宝,是坚持和发展中国特色社会主义的必由之路"[2]。党的十八届三中全会开启了全面深化改革、系统整体设计推进改革的新时代,涉及范围之广、出台方案之多、触及利益之深、推进力度之大前所未有,堪称新中国成立以来最为全面系统的改革部署,充分体现了党对改革认识的深化和系统化。

三、"两大布局"发展理论体系的基本框架

(一)"两大布局"发展理论体系的基本内涵

中国在建设社会主义的过程中开创了中国特色社会主义道路、理论、制度、文化,一方面推动物质文明、政治文明、精神文明、社会文明、生态文明协调发展,创造了中国式现代化新道路;另一方面形成了中国特色社会主义"五大文明",超越了资本主义文明形态,从根本上解决人与自然、人与人、人与自身的矛盾,创造了人类文明的新形态。无论是中国式现代化新道路还是人类文明新形态,其都集中体现在"两大布局"发展理论中。"两大布局"发展理论体系作为中国化马克思主义发展观,一方面是马克思主义的中国化过程,是把马克思主义关于发展的基本原理运用于中国改革开放的具体实际,用以分析和解决中国社会主义经济的实际问题的过程;另一方面也是中国化的马克思主义发展

---

[1]《中共中央关于党的百年奋斗重大成就和历史经验的决议》,人民出版社2021年版,第24页。

[2] 习近平:《在庆祝中国共产党成立100周年大会上的讲话》,人民出版社2021年版。

观的过程，是使从中国社会主义发展和改革开放实践中的感性认识，上升为新的思想、新的理论的过程。

改革开放以来，在中国发展理论中形成了诸如社会主义初级阶段、社会主义本质、"三个有利于"、农村家庭联产承包责任制、先富和共富、社会主义市场经济、国有经济、民营经济、外资经济、对外开放、小康社会、和谐社会、科学发展观、创新驱动发展、经济新常态、新发展理念、新发展阶段、新发展格局、共同富裕等一系列属于原创性的"术语的革命"，成为发展道路中国话语和学术范式的显著标识，具有丰富的改革实践素材和严密的逻辑体系。尤其是党的十八大以来，面对日趋复杂的国际形势和进入新时代的新机遇、新挑战和新要求，"以习近平同志为主要代表的中国共产党人，坚持把马克思主义基本原理同中国具体实际相结合、同中华优秀传统文化相结合……创立了习近平新时代中国特色社会主义思想"[1]，形成了新时代中国发展理论体系，"就新时代坚持和发展什么样的中国特色社会主义、怎样坚持和发展中国特色社会主义，建设什么样的社会主义现代化强国、怎样建设社会主义现代化强国，建设什么样的长期执政的马克思主义政党、怎样建设长期执政的马克思主义政党等重大时代课题，提出一系列原创性的治国理政新理念新思想新战略"，"实现了马克思主义中国化新的飞跃"[2]。尤其是明确了以"五位一体"总体布局和"四个全面"战略布局统领中国特色社会主义事业；"必须坚持和完善社会主义基本经济制度，使市场在资源配置中起决定性作用，更好发挥政府作用"[3]；把握新发展阶段，贯彻新发展理念，加快构建新发展格局，推动高质量发展，统筹发展和安全。

---

［1］《中共中央关于党的百年奋斗重大成就和历史经验的决议》，人民出版社2021年版，第24页。

［2］ 同上书，第23页。

［3］ 同上书，第25页。

我们党坚持马克思主义基本原理，深刻总结国内外发展经验教训，形成了"两大布局"发展理论体系，丰富和发展了马克思主义发展观，赋予马克思主义发展观以鲜明的中国特色、中国风格、中国气派，是马克思主义发展观中国化的最新成果。

（1）以人民为中心的发展思想。"必须坚持以人民为中心的发展思想，发展全过程人民民主，推动人的全面发展、全体人民共同富裕取得更为明显的实质性进展。"[1] 这是马克思主义发展观的根本立场，更是经济社会发展的出发点和落脚点，"维护社会公平正义，着力解决发展不平衡不充分问题和人民群众急难愁盼问题，不断实现好、维护好、发展好最广大人民根本利益"[2]。坚持党的领导、人民当家作主、依法治国的有机统一。

（2）新发展阶段论。党的十九大作出了中国特色社会主义进入新时代的重大论断，其依据是社会主要矛盾已经转化为人民日益增长的美好生活需要和不平衡不充分的发展之间的矛盾。在新时代，以决胜全面建成小康社会、全面建成社会主义现代化国家和实现中华民族伟大复兴为奋斗目标，高质量发展成为时代主题。当决胜全面建成小康社会如期实现以后，党的十九届五中全会作出了新发展阶段的重大判断，即开启了全面建设社会主义现代化国家的新征程。

（3）全面深化改革论。全面深化改革的总目标是完善和发展中国特色社会主义制度，推进国家治理体系和治理能力现代化，体现了党对改革认识的深化和系统化。完善和发展中国特色社会主义制度，规定了全面深化改革的根本方向。全面深化改革是一场深刻而全面的社会变革，既包括"五位一体""四个全面"，又涉及生产力与生产关系、经济基础与上层建筑。"我们讲过很多现代化，

[1]《中共中央关于党的百年奋斗重大成就和历史经验的决议》，人民出版社2021年版，第24页。
[2] 同上书，第73页。

包括农业现代化、工业现代化、科技现代化、国防现代化等，国家治理体系和治理能力现代化是第一次讲。"[1] "推动中国特色社会主义制度更加成熟更加定型，为党和国家事业发展为人民幸福安康、为社会和谐稳定、为国家长治久安提供一整套更完备、更稳定、更管用的制度体系。"[2]

（4）新发展理念。创新、协调、绿色、开放、共享五大新发展理念。新发展理念是一个系统的理论体系，包含着增强发展动力、协调发展关系、实现人与自然和谐发展、提高发展内外联动性、共享改革发展成果等重大思想，创新性地发展了马克思主义生产力构成理论、自然生产力理论、全球化理论、社会再生产与收入分配理论，这是关于可持续发展和高质量发展理论的新境界。

（5）供给侧结构性改革论。该理论强调推进结构调整，减少无效和低端供给，扩大有效和中高端供给，增强供给结构对需求变化的适应性和灵活性；供给侧和需求侧是管理和调控宏观经济的两个基本手段，二者不是非此即彼的替代关系，而是辩证统一的结合体，丰富和发展了社会主义宏观调控理论。

（6）更高水平开放论。对于主动开放，中国开放大门只会越开越大；对于双向开放，引进来与走出去结合；对于全面开放，推动形成陆海内外联动、东西双向互济的开放格局；对于公平开放，构建公平竞争的内外资发展环境；对于共赢开放，推动经济全球化朝着普惠共赢方向发展；对于包容开放，探索求同存异、包容共生的国际发展合作新途径；对于制度型开放，推动规则、规制、管理、标准等领域的开放，"构建互利共赢、多元平衡、安全高效的开放型经济体系"[3]。

（7）绿色发展理论。人与自然和谐共生，这是中国式现代化的重要特征之

---

[1]《习近平关于全面深化改革论述摘编》，中央文献出版社 2014 年版，第 26 页。

[2]《习近平谈治国理政》第 1 卷，外文出版社 2014 年版，第 104—105 页。

[3]《中共中央关于党的百年奋斗重大成就和历史经验的决议》，人民出版社 2021 年版，第 38 页。

一。生态文明建设和物质文明建设是辩证统一、相辅相成的，都是满足人民日益增长的对美好生好向往的需要。党的十九届五中全会提出了"碳达峰"目标，"我国生态文明建设进入了以降碳为重点战略方向、推动减污降碳协同增效、促进经济社会发展全面绿色转型、实现生态环境质量改善由量变到质变的关键时期"[1]。绿色发展理论是站在人与自然和谐共生的高度来谋划经济社会发展的治国理政新方略，"保护生态环境就是保护生产力，改善生态环境就是发展生产力"[2]，从坚持节约资源和保护环境的基本国策，到"推进绿色发展、循环发展、低碳发展，坚持走生产发展、生活富裕、生态良好的文明发展道路"[3]。

（8）共同富裕论。共同富裕是中国式现代化的重要特征，是社会主义的本质要求。到 2020 年，我国现行标准下农村贫困人口实现脱贫，全面建成小康社会，这个目标已经如期实现；到 2035 年，城乡区域发展差距和居民生活水平差距显著缩小，全体人民共同富裕取得实质性进展；到 21 世纪中叶，全体人民共同富裕基本实现。坚持和完善社会主义基本经济制度，夯实共同富裕的制度基础；坚持在发展中保障和改善民生，不断促进社会公平正义。

（9）人类命运共同体理念。人类命运共同体是党中央着眼人类发展和世界前途提出的中国理念、中国方案，符合世界历史发展规律。"我们要继承和弘扬联合国宪章的宗旨和原则，构建以合作共赢为核心的新型国际关系，打造人类命运共同体。"[4] 一方面，在世界观上，"推动构建人类命运共同体，弘扬和平、发展、公平、正义、民主、自由的全人类共同价值，引领人类进步潮流"[5]，尊

---

[1]《习近平在中共中央政治局第二十九次集体学习时强调，保持生态文明建设战略定力努力建设人与自然和谐共生的现代化》，新华社 2021 年 5 月 1 日。

[2][3]《中共中央关于党的百年奋斗重大成就和历史经验的决议》，人民出版社 2021 年版，第 51 页。

[4]《习近平出席第七十届联合国大会一般性辩论并发表重要讲话》，《人民日报》2015 年 9 月 29 日。

[5]《中共中央关于党的百年奋斗重大成就和历史经验的决议》，人民出版社 2021 年版，第 60 页。

重世界文明多样性，以文明交流超越文明隔阂、文明互鉴超越文明冲突。另一方面，推动全球化朝着更加开放、包容、普惠、平衡、共赢的方向发展；支持开放、透明、包容、非歧视性的多边贸易体制，建设开放型世界经济；加强宏观政策协调，实现世界经济强劲、可持续、平衡、包容增长。

（10）新发展格局理论。加快构建以国内大循环为主体、国内国际双循环相互促进的新发展格局，是新发展阶段要着力推动完成的战略任务，也是贯彻新发展理念的重大举措。一是形成强大国内市场，畅通国内大循环，形成需求牵引供给、供给创造需求的更高水平动态结构平衡。二是促进国内国际双循环，协同推进强大国内市场和贸易强国建设，促进内需和外需、进口和出口、引进外资和对外投资的结构协调发展。[1]

"两大布局"讲清楚了新时代中国"干什么"、"怎么干"的重大问题，是坚持和完善中国特色社会主义制度、推进国家治理体系和治理能力现代化的理论指导，立足新发展阶段，完整、准确、全面贯彻新发展理念，构建新发展格局，推动高质量发展。

（二）"两大布局"发展理论体系的方法论

"两大布局"发展理论体系是马克思主义同新时代中国实际和特征相结合的产物，是马克思主义关于发展的世界观和方法论的集中体现，对新时代实现什么样的发展、怎样发展等重大问题作出了新的科学回答，把我们对中国特色社会主义规律的认识提高到新的水平，开辟了新时代中国马克思主义发展新境界。将"两大布局"发展理论的重大原则确定为坚持以人民为中心的发展思想、坚持解放和发展社会生产力、坚持调整生产关系促进生产力的发展、坚持时代特征和问题导向。

---

[1]《中共中央关于制定国民经济和社会发展第十四个五年规划和二〇三五年远景目标的建议》，人民出版社 2020 年版，第 16—17 页。

1. 生产力与生产关系相互作用的方法论

马克思主义发展观特别注重生产力与生产关系分析法，或者说注重制度分析方法。生产力决定生产关系，决定生产关系的性质及其发展变化的方向；生产关系反作用于生产力，生产关系的变革及其变革的方向和形式归根到底取决于生产力的状况和要求。早在改革开放伊始，邓小平同志就提出，贫困不是社会主义，社会主义的本质是解放生产力，最终达到共同富裕。进入新时代以后，习近平总书记也反复强调，"消灭贫困、改善民生、逐步实现共同富裕，是社会主义的本质要求，是我们党的重要使命"[1]。党的十八大以来，我们一直扭住"发展是解决所有问题的关键"，尤其是党的十九大以来，"我国社会主要矛盾的变化，没有改变我们对我国社会主义所处历史阶段的判断，我国仍处于并将长期处于社会主义初级阶段的基本国情没有变，我国是世界最大发展中国家的国际地位没有变"。"人民美好生活需要日益广泛，不仅对物质文化生活提出了更高要求，而且在民主、法治、公平、正义、安全、环境等方面的要求日益增长。"[2]

2. 目标导向和正确战略有机结合的方法论

目标导向与正确战略有机结合，既是推进改革开放的重要方法，又是我们党领导改革开放的重要经验。"两大布局"发展理论体系对所处的新时代重大发展问题做出准确判断，并提出了科学有效的战略与政策。一方面，紧扣实现"两个一百年"奋斗目标部署经济社会发展战略，第一个百年奋斗目标从党的十九大提出的"决胜全面建成小康社会"，到建党100年庆祝大会上习近平总书记庄严宣告："我们实现了第一个百年奋斗目标，在中华大地上全面建成了小康社会，历史性地解决了绝对贫困问题，正在意气风发地向着全面建成社会主义

---

[1]《习近平扶贫论述摘编》，中央文献出版社2018年版，第13页。
[2]《中国共产党第十九次全国代表大会文件汇编》，人民出版社2017年版，第9页。

现代化强国的第二个百年奋斗目标迈进。"[1] 另一方面，聚焦社会主要矛盾和高质量发展新阶段，统筹推进经济建设、政治建设、文化建设、社会建设、生态文明建设的总体布局，协调推进全面建设社会主义现代化国家、全面深化改革、全面依法治国、全面从严治党的战略布局，坚定不移贯彻创新、协调、绿色、开放、共享的新发展理念，以推动高质量发展为主题。[2]

3. 辩证法和两点论相结合的方法论

唯物辩证法关于矛盾对立统一的观点，要求我们要坚持两点论，一分为二和全面地看问题。在资源配置方式上，实现社会主义制度与市场经济体制有机结合，既要发挥市场经济的长处，又要发挥社会主义制度的优越性，把两方面优势都发挥好；使市场在资源配置中起决定性作用，更好发挥政府作用，"看不见的手"和"看得见的手"都要用好。在对待中国具体实际和西方先进理论与经验上，坚持马克思主义基本原理和方法，也并不排斥国外先进理论的合理成分，"对待西方经济学、政治学等方面的理论著作和资本主义经济发展的经验，要注意分析、研究并借鉴其中有益的成分，但决不能离开中国具体实际而盲目照搬照套"[3]。在看待新的机遇与挑战上，"以辩证思维看待新发展阶段的新机遇新挑战……国内外环境的深刻变化既带来一系列新机遇，也带来一系列新挑战，是危机并存、危中有机、危可转机"[4]，"善于在危机中育先机、于变局中开新局"[5]，统筹中华民族伟大复兴战略全局和世界百年未有之大变局。

---

[1] 习近平：《在庆祝中国共产党成立100周年大会上的讲话》，人民出版社2021年版，第2页。

[2] 《中共中央关于制定国民经济和社会发展第十四个五年规划和二〇三五年远景目标的建议》，人民出版社2020年版，第6页。

[3] 习近平：《在中央党校春季学期第二批入学学员开学典礼上的讲话》，《学习时报》2012年5月28日。

[4] 习近平：《在经济社会领域专家座谈会上的讲话》，《人民日报》2020年8月25日。

[5] 《中共中央关于制定国民经济和社会发展第十四个五年规划和二〇三五年远景目标的建议》人民出版社2020年版，第4页。

4. 坚持稳中求进工作总基调的方法论

保持战略定力，稳中求进的根本点在于保持大局稳定的前提下谋进。2016年，中央经济工作会议首次强调"稳中求进工作总基调是治国理政的重要原则"，也是做好经济工作的方法论，其贯穿经济发展的新时代，即经济已由高速增长阶段转向高质量发展阶段。稳中求进工作总基调的主要依据是：经济稳中向好、长期向好的基本趋势没有改变；我国发展仍处于并将长期处于重要战略机遇期；统筹推进稳增长、促改革、调结构、惠民生、防风险、保稳定，保持经济运行在合理区间。"求进"的目标是坚持高质量发展。2021年，中央经济工作会议从宏观、微观、结构、科技、改革开放、区域、社会等方面提出了"七大政策"，[1] 紧紧围绕我国发展不平衡不充分中的结构性问题进行全面深化改革。经济运行是一个动态过程。"稳"和"进"之间是辩证统一的，要坚持"稳"的全面性和"进"的质量性统一：只静态的"稳"，没有"求进"，终究也稳不住；一味地"求进"，不注重"稳"，最终也进不了。政策组合旨在实现多重目标的动态平衡，这是经济政策的基本规律。"跨周期和逆周期宏观调控政策要有机结合"，进一步深化了"逆周期"调控规律。"跨周期调控"意味着不仅要考虑当下经济运行情况，更要考虑刺激政策对未来经济的影响，有没有后遗症，统筹协调短期与中长期、规模与质量、节奏与目标等复杂关系。

5. 马克思主义世界观、历史观和发展观有机结合的方法论

"两大布局"发展理论坚持辩证唯物主义和历史唯物主义世界观，这不仅有助于认清中国发展面临的内外部环境，而且有利于处理好改革、开放与稳定之

---

[1] 中央经济工作会议指出，要从七个方面发力，确保经济工作"稳字当头、稳中求进"，其分别为：宏观政策要稳健有效、微观政策要持续激发市场主体活力、结构政策要着力畅通国民经济循环、科技政策要扎实落地、改革开放政策要激活发展动力、区域政策要增强发展的平衡性协调性、社会政策要兜住兜牢民生底线。参见《中央经济工作会议在北京举行》，《人民日报》2021年12月11日。

间的辩证关系；坚持马克思主义历史观，才能正确认识改革开放前和改革开放后两个历史时期的关系，以及改革开放 40 多年中各个阶段的继承关系，区分出哪些问题是改革开放可以解决的，哪些问题是必须经济社会发展到一定阶段才能解决的。发展为了人民，这是马克思主义关于发展的根本立场。马克思、恩格斯指出："无产阶级的运动是绝大多数人的、为绝大多数人谋利益的独立的运动"，在未来社会"生产将以所有的人富裕为目的"[1]。坚持以人民为中心的发展思想，是习近平新时代中国特色社会主义思想的核心内容之一。党的十八届三中全会以来的全面深化改革开放就是以增进人民福祉、促进人的全面发展、朝着共同富裕方向稳步前进作为经济发展的出发点和落脚点，"以促进社会公平正义、增进人民福祉为出发点和落脚点，突出问题导向……加强顶层设计和整体谋划，增强改革的系统性、整体性、协同性"[2]。

四、"两大布局"发展理论的学理逻辑

"两大布局"的发展理论解释的是中国"富起来"和"强起来"的理论，坚持以人民为中心的发展思想、坚持解放和发展社会生产力、坚持调整生产关系促进生产力的发展、坚持时代特征和问题导向，对所处时代的社会主要矛盾做出准确判断、提出解决方略。从"两大文明"到"五位一体"，"两大布局"历经改革开放 40 多年历程，对于中国经济社会发展的"两大奇迹"及历史性消除绝对贫困的"又一大奇迹"，需要从学理上总结"两大布局"发展理论体系的逻辑和经验，这不仅是中国特色社会主义理论发展的需要，也是未来更为复杂多

［1］《马克思恩格斯文集》第 8 卷，人民出版社 2009 年版，第 200 页。
［2］《中共中央关于党的百年奋斗重大成就和历史经验的决议》，人民出版社 2021 年版，第 37 页。

变形势下把握中国发展规律的需要。"两大布局"发展理论体系作为中国化马克思主义发展观，不仅是把马克思主义基本原理运用于中国经济社会发展和改革开放的具体实践，而且使我国社会主义事业发展和改革开放实践中的感性认识上升为新的思想、新的理论。"两大布局"发展理论体系形成并确立于新时代我国经济社会波澜壮阔的历史巨变，它深刻总结了我国经济社会发展实践的成功经验，回答了马克思主义经典作家没有讲过、我们的前人从未遇到过、西方发展理论始终无法解决的许多重大理论和实践问题，为马克思主义关于发展的理论创新作出了原创性贡献。"两大布局"发展理论体系是习近平新时代中国特色社会主义思想的重要部分，具有科学完整、逻辑严密的理论体系，系统回答了新时代中国特色社会主义事业发展的根本立场、政治保障、制度基础、主题主线、发展理念、发展路径等一系列重大发展问题，不仅如期完成了第一个百年奋斗目标，而且成功开启了第二个百年奋斗目标的新征程。

党的十八大以来，我国面临的国内外经济形势极其错综复杂，很多情况是改革开放以来没有碰到过的。2008 年国际金融危机以来的深层次影响持续蔓延，世界经济复苏乏力，国际贸易低迷，保护主义普遍，国际力量的结构对比深刻调整，全球的结构性问题日期复杂，产业链结构、能源结构、贸易结构、金融结构等深刻变革；国内经济下行压力加大，面对增长速度换挡期、结构调整阵痛期、前期刺激政策消化期"三期叠加"的局面，经济社会发展中积累了不少风险和挑战；2020 年突如其来的新冠肺炎疫情叠加百年未有之大变局，外部环境更趋复杂严峻和不确定，国内需求收缩、供给冲击、预期转弱三重压力凸显。中国特色社会主义进入了新时代，社会主要矛盾已经转化为人民日益增长的美好生活需要和不平衡不充分的发展之间的矛盾，由高速增长阶段转向高质量发展阶段，中华民族迎来了从站起来、富起来到强起来的伟大飞跃，进入了全面建设社会主义现代化国家的新发展阶段。面对新时代新要求、新矛盾新任务，我们党在科学把握世情国情党情深刻变化的基础上，提出了一系列新思想、新观点和新论断，形成了以"五位一体"和"四个全面"为主体框架，以新发展阶段、新发展理念和新发展格局为主要内容的"两大布局"发展理论体系。

（一）坚持和发展中国特色社会主义是当代中国发展进步的根本方向

19世纪中叶，马克思、恩格斯深入考察资本主义经济、政治、社会状况，批判继承德国古典哲学、英国古典政治经济学和法国、英国空想社会主义的合理成分，提出唯物史观和剩余价值学说，为社会主义思想奠定了科学理论基础，创立了科学社会主义，社会主义由此从空想走向科学。[1] 俄国十月革命，建立了世界上第一个社会主义国家，科学社会主义由此从理论走向实践。自此以后，科学社会主义逐渐从一国实践走向多国发展。中国共产党领导人民建立了社会主义新中国，确立了社会主义基本制度，立足世情、国情的新变化，不断深化对社会主义发展与现代化建设有机统一规律的认识和把握，成功开创了中国特色社会主义。

党在百年奋斗中始终坚持从我国国情出发，坚持中国道路，"走自己的路，是党的全部理论和实践立足点"[2]。"中国特色社会主义，既坚持了科学社会主义基本原则，又根据时代条件赋予其鲜明的中国特色。这就是说，中国特色社会主义是社会主义，不是别的什么主义。"[3] 中国特色社会主义是历史的结论、人民的选择，是实现社会主义现代化的必由之路，"是党和人民历经千辛万苦、付出巨大代价取得的根本成就，是实现中华民族伟大复兴的正确道路"[4]。"我们党和人民在长期实践探索中，坚持独立自主走自己的路，取得革命、建设、改革

---

[1]《习近平关于"不忘初心、牢记使命"重要论述选编》，中央文献出版社、党建读物出版社2019年版，第297页。

[2][4] 习近平：《在庆祝中国共产党成立100周年大会上的讲话》，人民出版社2021年版，第13页。

[3]《习近平总书记系列重要讲话读本》，学习出版社、人民出版社2016年版，第28页。

伟大胜利，开创和发展了中国特色社会主义，从根本上改变了中国人民和中华民族的前途命运。"[1]

毛泽东同志明确指出："中国的前途，就是搞社会主义"，"只有社会主义能够救中国"[2]。邓小平同志强调，"不走社会主义道路中国就没有前途"[3]；"把我们的国家建设成为社会主义的现代化强国，才能更有效地巩固社会主义制度"[4]。党的十一届三中全会以后，以邓小平同志为主要代表的中国共产党人，围绕什么是社会主义、怎样建设社会主义这一根本问题，创立了邓小平理论，成功开创了中国特色社会主义。党的十三届四中全会以后，以江泽民同志为主要代表的中国共产党人，加深了对什么是社会主义、怎样建设社会主义等重大问题的认识，形成了"三个代表"重要思想。党的十六大以后，以胡锦涛同志为主要代表的中国共产党人，在全面建设小康社会进程中推进实践创新、理论创新、制度创新，形成了科学发展观。党深刻认识到，开创改革开放和社会主义现代化建设新局面，必须以理论创新引领事业发展，从邓小平理论到"三个代表"重要思想再到科学发展观，形成了中国特色社会主义理论体系，实现了马克思主义中国化新的飞跃。[5]党的十八大以来，中国特色社会主义进入新时代，以习近平同志为核心的党中央统筹把握中华民族伟大复兴战略全局和世界百年未有之大变局，就新时代坚持和发展什么样的中国特色社会主义、怎样坚持和发展中国特色社会主义，建设什么样的社会主义现代化强国、怎样建设社会主义现代化强国等重大时代课题，提出一系列原创性的治国理政新理念新

---

［1］《习近平总书记系列重要讲话读本》，学习出版社、人民出版社 2016 年版，第 18 页。
［2］《毛泽东文集》第 7 卷，人民出版社 1999 年版，第 124、214 页。
［3］《邓小平文选》第 3 卷，人民出版社 1993 年版，第 311 页。
［4］《邓小平文选》第 2 卷，人民出版社 1994 年版，第 86 页。
［5］《中共中央关于党的百年奋斗重大成就和历史经验的决议》，人民出版社 2021 年版，第 15—16 页。

思想新战略，创立了习近平新时代中国特色社会主义思想，[1] 其中就包括"两大布局"发展理论的形成，"实现了马克思主义中国化新的飞跃"[2]。改革开放40 多年来，党的历次全国代表大会都围绕坚持和发展中国特色社会主义这个主题，逐步绘就了中国实现社会主义现代化的宏伟蓝图。"把社会主义与现代化相结合、相统一，是中国共产党在当代中国、当今世界的伟大实践和伟大创造。"[3]"方向决定前途，道路决定命运……我们党全部理论和实践的主题是坚持和发展中国特色社会主义……中国特色社会主义道路是当代中国大踏步赶上时代、引领时代发展的康庄大道，必须毫不动摇走下去。"[4]

中国特色社会主义包括道路、理论、制度、文化四个方面。道路是实现途径，理论是行动指南，制度是根本保障，文化是精神力量，这四个方面统一于中国特色社会主义伟大实践。中国特色社会主义道路自信、理论自信、制度自信、文化自信，源于中国特色社会主义实践取得"发展奇迹"，"中华民族是最有理由自信的"[5]。中国特色社会主义道路既不是"传统的"，也不是"外来的"，更不是"西化的"，而是我们"独创的"。坚持理论创新是中国共产党百年奋斗的重要历史经验。由邓小平理论、"三个代表"重要思想、科学发展观构成的中国特色社会主义理论体系以及党的十八大以后形成的习近平新时代中国特色社会主义思想，书写了科学社会主义新篇章，是改革开放以来中国共产党推进马克思主义中国化取得的重大理论创新成果。中国特色社会主义制度体系是以马克思主义为指导、植根中华大地、具有强大生命力和巨大优越性的制度和治理

［1］《中共中央关于党的百年奋斗重大成就和历史经验的决议》，人民出版社 2021 年版，第 24 页。

［2］ 同上书，第 26 页。

［3］《习近平新时代中国特色社会主义思想基本问题》，人民出版社、中共中央党校出版社 2020 年版，第 51 页。

［4］《十九大以来重要文献选编》（上），中央文献出版社 2019 年版，第 732 页。

［5］《习近平谈治国理政》第 2 卷，外文出版社 2017 年版，第 36 页。

体系，"是能够持续推动拥有近 14 亿人口大国进步和发展、确保拥有 5000 多年文明史的中华民族实现'两个一百年'奋斗目标进而实现伟大复兴的制度和治理体系"[1]。党的十九届四中全会提出了实现国家治理体系和治理能力现代化的目标，并制定了具体的时间表。"文化自信，是更基础、更广泛、更深厚的自信。"[2] 中国特色社会主义文化对坚定道路自信、理论自信、制度自信具有灵魂性引领与推动作用。中国特色社会主义道路是实现途径，中国特色社会主义理论体系是行动指南，中国特色社会主义制度是根本保障，中国特色社会主义文化是精神力量，四者统一于中国特色社会主义伟大实践。"我们对社会主义的认识，对中国特色社会主义规律的把握，已经达到了一个前所未有的新的高度，这一点不容置疑。""我国社会主义还处在初级阶段……对许多重大问题的认识和处理都还处在不断深化的过程之中，这一点也不容置疑。"[3] 党的十八大以来，我们党明确了中国特色社会主义事业总体布局是"五位一体"，战略布局是"四个全面"，"两大布局"确立了新时代坚持和发展中国特色社会主义的战略规划和部署。

（二）社会主义基本经济制度统一于社会主义现代化发展

社会主义生产关系必须适应于生产力的状况，才有利于生产力的发展。党的十九届四中全会将公有制为主体、多种所有制经济共同发展，按劳分配为主体、多种分配方式并存，社会主义市场经济体制，确定为社会主义基本经济制度，全面回答了在我国国家制度和国家治理上，应该"坚持和巩固什么，完善和发展什么"这个重大政治问题。[4]

---

[1]《中共中央关于坚持和完善中国特色社会主义制度 推进国家治理体系和治理能力现代化若干重大问题的决定》，人民出版社 2019 年版，第 3 页。

[2]《十八大以来重要文献选编》（下），中央文献出版社 2018 年版，第 349 页。

[3]《十八大以来重要文献选编》（上），中央文献出版社 2014 年版，第 114 页。

[4]《中共中央关于坚持和完善中国特色社会主义制度 推进国家治理体系和治理能力现代化若干重大问题的决定》，人民出版社 2019 年版，第 52—53 页。

1. 坚持"两个毫不动摇"和混合所有制改革

中国发展道路成功的基础在于建立了符合中国国情的社会主义基本经济制度。党的十四大明确了我国经济体制改革的目标是在坚持公有制和按劳分配为主体、其他经济成分和分配方式为补充的基础上，建立和完善社会主义市场经济体制。[1]党的十五大把"公有制为主体、多种所有制经济共同发展"确立为我国的基本经济制度，明确提出"非公有制经济是我国社会主义市场经济的重要组成部分"[2]。党的十六大提出"毫不动摇地巩固和发展公有制经济"，"毫不动摇地鼓励、支持和引导非公有制经济发展"[3]。党的十八届三中全会确定了我国所有制改革的理论成果和经验：必须毫不动摇巩固和发展公有制经济，坚持公有制主体地位，发挥国有经济主导作用，不断增强国有经济活力、控制力、影响力；必须毫不动摇鼓励、支持、引导非公有制经济发展，激发非公有制经济活力和创造力。[4]党的十九届四中全会将国有经济"三力"理论发展到"五力"理论，"发展混合所有制经济，增强国有经济竞争力、创新力、控制力、影响力、抗风险能力"[5]。党的十九大指出："必须坚持和完善我国社会主义基本经济制度和分配制度，毫不动摇巩固和发展公有制经济，毫不动摇鼓励、支持、引导非公有制经济发展，使市场在资源配置中起决定性作用，更好发挥政府作用。"[6]所有制改革经历了从肯定个体经济、私营经济和外资经济，到公有制为

---

[1]《加快改革开放和现代化建设步伐　夺取有中国特色社会主义事业的更大胜利》，载《改革开放三十年重要文献选编》（上），中共文献出版社2008年版，第655页。

[2]《高举邓小平理论伟大旗帜，把建设有中国特色社会主义事业全面推向二十一世纪》，载《改革开放三十年重要文献选编》（上），中共文献出版社2008年版，第901页。

[3]《全面建成小康社会，开创中国特色社会主义事业新局面》，载《改革开放三十年重要文献选编》（上），中共文献出版社2008年版，第1252页。

[4]《中共中央关于全面深化改革若干重大问题的决定》，载《十八大以来重要文献选编》（上），中央文献出版社2014年版，第515页。

[5]《中共中央关于坚持和完善中国特色社会主义制度　推进国家治理体系和治理能力现代化若干重大问题的决定》，人民出版社2019年版，第19页。

[6]《习近平关于"不忘初心、牢记使命"论述摘编》，中央文献出版社2019年版，第52页。

主体、多种所有制并存的基本格局。"两个毫不动摇"是由我国的社会主义性质决定的，符合中国社会发展规律。

"公有制经济不仅包括国有经济和集体经济，还包括混合所有制经济中的国有成分和集体成分。"[1] 党的十五大首次提出了混合所有制经济，即财产权分属于不同性质所有者的经济形式。党的十五届四中全会明确了发展混合所有制经济的方向，积极探索公有制的多种有效实现形式。[2] 党的十六届三中全会界定了混合所有制经济的范围，提出了股份制成为公有制的主要实现形式。[3] 党的十七大强调，以现代产权制度为基础，发展混合所有制经济。党的十八届三中全会系统阐明了混合所有制理论，首次明确了国有资本、集体资本和非公有资本等交叉持股、相互融合的混合所有制经济，是基本经济制度的主要实现形式。[4] 改革开放 40 多年来，我国对混合所有制理论的认识逐步深化，从"一种新的财产所有结构"到"公有制经济的重要实现形式"，从放开经营权到建立现代企业制度，改革实践为混合所有制理论的形成与深化奠定了现实基础，反过来，混合所有制理论也为所有制实践的发展提供了思想基础。

2. 坚持和完善社会主义基本分配制度

马克思主义政治经济学强调，分配决定于生产，又反作用于生产，"最能促进生产的是能使一切社会成员尽可能全面地发展、保持和施展自己能力的那种分配方式"[5]。从我国实际出发，我们党确立了按劳分配为主体、多种分配方式

---

［1］《习近平新时代中国特色社会主义思想学习问答》，学习出版社、人民出版社 2021 年版，第 250 页。

［2］《中共中央关于国有企业改革和发展若干重大问题的决定》，载《改革开放三十年重要文献选编》（下），中共文献出版社 2008 年版，第 1039 页。

［3］《中共中央关于完善社会主义市场经济体制若干问题的决定》，载《改革开放三十年重要文献选编》（下），中共文献出版社 2008 年版，第 1349 页。

［4］《中共中央关于全面深化改革若干重大问题的决定》，《人民日报》2013 年 11 月 16 日。

［5］习近平：《坚持历史唯物主义不断开辟当代中国马克思主义发展新境界》，《求是》2020 年第 2 期。

并存的分配制度。实践证明，这一制度安排旨在解决我国收入分配中还存在一些突出的问题，不仅有利于调动各方面积极性，而且促进收入分配更合理、更有序。我国社会主义基本分配制度的理论贡献主要体现为：一是确立了各种生产要素的报酬由各自的生产要素市场决定，按贡献参与分配的制度。一方面，坚持多劳多得，着重保护劳动所得，增加劳动者劳动报酬；另一方面，健全劳动力、资本、土地、知识、技术、管理、数据等生产要素由市场评价贡献、按贡献决定报酬的机制。[1] 二是完善和健全初次分配和再分配制度处理好效率与公平的关系，注重收入分配中的公平正义。完善以税收、社会保障、转移支付等为主要手段的再分配调节机制，以及相关制度和政策，合理调节城乡、区域、不同群体间分配关系，重视发挥第三次分配作用，发展慈善等社会公益事业。

3. 完善高水平社会主义市场经济体制

在社会主义条件下发展市场经济，是我们党的一个伟大创举。一是社会主义基本制度与市场经济的有机结合。把两方面优势都发挥好，既要"有效的市场"，也要"有为的政府"，这是发展经济学上的世界性难题。我们是在中国共产党领导和社会主义制度的大前提下发展市场经济，什么时候都不能忘了"社会主义"这个定语。之所以说是社会主义市场经济，就是要坚持我们的制度优越性，有效防范资本主义市场经济的弊端。二是市场在资源配置中起决定性作用和更好发挥政府作用的有机统一。从 1992 年党的十四大到 2012 年党的十八大期间，社会主义市场经济强调市场在国家的宏观调控下对资源配置起基础性作用。党的十八届三中全会对社会主义市场经济又有了新的突破，"使市场在资源配置中起决定性作用"和"更好发挥政府作用"是一个相辅相成的整体。[2]

---

[1]《中共中央关于坚持和完善中国特色社会主义制度　推进国家治理体系和治理能力现代化若干重大问题的决定》，人民出版社 2019 年版，第 19—20 页。

[2]《中共中央关于全面深化改革若干重大问题的决定》，载《十八大以来重要文献选编》(上)，中央文献出版社 2014 年版，第 513 页。

三是完善宏观经济治理与社会主义市场经济的法治化的有机统一。"健全以国家发展规划为战略导向，以财政政策和货币政策为主要手段，就业、产业、投资、消费、环保、区域等政策紧密配合"的宏观经济治理体系。[1]强化竞争政策基础地位，夯实市场经济基础性制度、保障市场公平竞争，建设高标准市场体系，全面完善产权、市场准入、公平竞争等制度，筑牢社会主义市场经济有效运行的法律体系。这是社会主义市场经济的本质要求。

（三）以经济体制改革为重点，牵引带动政治、文化、社会、生态文明等各领域的全面改革开放

"两大布局"发展理论的重要实践来源就是全面深化改革。经济基础决定上层建筑，全面深化改革坚持以经济体制改革为重点。我国仍处于并将长期处于社会主义初级阶段的基本国情，决定了经济建设是党长期的中心工作。习近平总书记指出："在全面深化改革中，我们要坚持以经济体制改革为主轴，努力在重要领域和关键环节改革上取得新突破，以此牵引和带动其他领域改革，使各方面改革协同推进、形成合力。"[2]推动经济体制改革，必须坚持社会主义市场经济改革方向，尤其要处理好政府和市场关系这个核心问题。在对市场作用的认识上，从最初的"资源配置的手段"，到"市场调节为辅"，到"市场对资源配置起基础性作用"，再到"使市场在资源配置中起决定性作用"，这进一步厘清了政府和市场的关键问题，终结了多年来对该问题认识上的摇摆不定，同时也为接下来的改革指明了方向。早在党的十四大报告中就为中国的经济发展模式提供了顶层设计，即社会主义市场经济体制，强调"要使市场在社会主义国家宏观调控下对资源配置起基础性作用"。党的十六大提出，"在更大程度上

---

[1]《中共中央关于制定国民经济和社会发展第十四个五年规划和二〇三五年远景目标的建议》，人民出版社 2020 年版，第 18 页。
[2]《习近平关于全面深化改革论述摘编》，中央文献出版社 2014 年版，第 61 页。

发挥市场在资源配置中的基础性作用"。党的十七大注重"从制度上更好发挥市场在资源配置中的基础性作用"。党的十八届三中全会进一步将政府与市场的关系升华到一个新的高度，明确"使市场在资源配置中起决定性作用并更好发挥政府作用"。在更好发挥政府作用问题上，明确将"市场能有效形成价格"作为政府和市场的边界。"凡是能由市场形成价格的都交给市场，政府不进行不当干预"[1]，而将政府定价范围限定市场失灵的领域，也就是市场价格机制、竞争机制不能有效发挥的领域；将"市场机制能有效调节的经济活动"作为政府审批的边界，把市场不能发挥作用的领域作为政府的补位边界。"政府的职责和作用主要是保持宏观经济稳定，加强和优化公共服务，保障公平竞争，加强市场监管，维护市场秩序，推动可持续发展，促进共同富裕，弥补市场失灵。"[2] 我们是在中国共产党领导和社会主义制度的大前提下发展市场经济，什么时候都不能忘了"社会主义"这个定语，全面深化改革既要"有效的市场"，也要"有为的政府"，这丰富和发展了社会主义市场经济理论，为推动我国经济高质量发展提供了有效的体制保障。进入新时代以来，构建高水平社会主义市场经济体制以适应高质量发展成为时代需要。[3] 在坚持和完善社会主义基本经济制度的基础上，激发各类市场主体活力，尤其是做强做优做大国有资本和国有企业，破除制约民营企业发展的各种壁垒；完善宏观经济治理，"健全以国家发展规划为战略导向，以财政政策和货币政策为主要手段，就业、产业、投资、消费、环保、区域等政策紧密配合，目标优化、分工合理、高效协同的宏观经济治理体系"[4]；建立现代财税金融体制，完善现代税收制度，优化税制结构，构建金融

［1］《中共中央关于全面深化改革若干重大问题的决定》，载《十八大以来重要文献选编》（上），中央文献出版社 2014 年版，第 518 页。
［2］ 同上书，第 514 页。
［3］《中共中央关于制定国民经济和社会发展第十四个五年规划和二〇三五年远景目标的建议》，人民出版社 2020 年版，第 17—20 页。
［4］ 同上书，第 18 页。

有效支持实体经济的体制机制；建设高标准市场体系。健全市场体系基础制度，形成高效规范、公平竞争的国内统一市场；加快转变政府职能。

党的十八大以来，我们以经济体制改革为牵引，带动了政治、文化、社会、生态文明体制改革，改革呈现全面发力、全面深化、多点突破、蹄疾步稳、纵深推进的良好局面，实现改革由局部探索、破冰突围到系统集成、全面深化的转变，到建党一百年时，在完善和发展中国特色社会主义制度、推进国家治理体系和治理能力现代化的道路上，总体如期完成党的十八届三中全会提出的改革目标任务。在改革体制改革上，围绕使市场在资源配置中起决定性作用、更好发挥政府作用进行，坚持和完善基本经济制度，作出坚持以高质量发展为主题、以供给侧结构性改革为主线、建设现代化经济体系、把握扩大内需战略基点，打好防范化解重大风险、精准脱贫、污染防治三大攻坚战等重大决策。在政治体制改革上，围绕坚持党的领导、人民当家作主、依法治国有机统一进行，深化政治体制改革，推进社会主义民主政治制度化、规范化、程序化，建设社会主义法治国家。在文化体制改革上，围绕社会主义文化强国这个主线，以社会主义核心价值观引领文化建设，更好构筑中国精神、中国价值、中国力量，建立健全现代公共文化服务体系、现代文化市场体系。在社会体制建设上，围绕更好保障和改善民生、促进社会公平正义进行，在收入分配、就业、教育、社会保障、医疗卫生、住房保障等方面推出一系列重大举措，注重加强普惠性、基础性、兜底性民生建设，推进基本公共服务均等化。[1] 在生态文明体制改革上，紧紧围绕建立和健全生态文明制度体系，坚持绿水青山就是金山银山的理念，推进绿色发展、循环发展、低碳发展，坚持走生产发展、生活富裕、生态良好的文明发展道路。[2]

---

[1]《中共中央关于制定国民经济和社会发展第十四个五年规划和二〇三五年远景目标的建议》，人民出版社2020年版，第48页。

[2] 同上书，第51页。

"两大布局"发展理论深刻体现了我们党对中国特色社会主义发展规律的探索和思考，是认识世界、改造世界的新思想与新战略，不仅回答发展依靠谁、发展为了谁、发展成果由谁享有，而且解决了发展阶段、发展动力、发展理念、发展格局等一系列问题，提出了实现更高质量、更有效率、更加公平、更可持续的发展新路，深化了对社会主义发展规律和路径的认识。"我们推进改革的根本目的，是要让国家变得更加富强、让社会变得更加公平正义、让人民生活得更加美好。"[1] 把以人民为中心的发展思想体现在改革全过程，做到老百姓关心什么、期盼什么，改革就要抓住什么、推进什么，把促进社会公平正义、增进人民福祉作为全面深化改革的出发点和落脚点，把为人民谋幸福作为检验改革成效的标准。

（四）加强党的全面领导、尊重人民首创精神与朝着共同富裕方向迈进

"历史和现实都证明，没有中国共产党，就没有新中国，就没有中华民族伟大复兴。"[2] 党的全面领导是中国特色社会主义事业取得成功的关键和根本，也是"两大布局"发展理论的立论基础。改革开放每一步都不是轻而易举的，未来必定会面临这样那样的风险挑战，甚至会遇到难以想象的惊涛骇浪，党的全面领导为改革开放提供了坚强政治保证和正确方向指引。"两大布局"发展理论创造性提出坚持加强党对经济社会全面发展的集中统一领导，坚持党的全面领导不动摇，坚决维护党的核心和党中央权威，充分发挥党的领导政治优势。"中国特色社会主义最本质的特征是中国共产党领导，中国特色社会主义制度的最大优势是中国共产党领导。"[3] 党中央总揽经济社会发展领域重大工作的顶层设计、总体布局、统筹协调、整体推进、督促落实，丰富和发展了对社会主义发

---

[1]《习近平主席新年贺词（2014—2018）》，人民出版社 2018 年版，第 19 页。

[2]《中共中央关于党的百年奋斗重大成就和历史经验的决议》，人民出版社 2021 年版，第 65 页。

[3] 同上书，第 24 页。

展本质特征的认识，为推动我国经济社会高质量发展提供了根本政治保证。"勇于自我革命是中国共产党区别于其他政党的显著标志"[1]。自我革命精神是党永葆青春活力的强大支撑，确保党在新时代坚持和发展中国特色社会主义的历史进程中始终是先进的马克思主义政党。

"江山就是人民、人民就是江山。"[2] 人民首创精神为中国特色社会主义事业发展提供源源不断的智慧和力量。一部改革开放史实际上就是一部党领导人民、人民首创的伟大实践历程。"及时总结群众创造的新鲜经验，充分调动群众推进改革的积极性、主动性、创造性，把最广大人民智慧和力量凝聚到改革上来，同人民一道把改革推向前进。"[3] 中国特色社会主义事业发展每一个方面经验的创造和积累，无不来自亿万人民的创造性实践和智慧。尊重人民首创精神是践行以人民为中心的发展思想的集中体现，"坚持一切为了人民、一切依靠人民"，"坚持发展为了人民、发展依靠人民、发展成果由人民共享"[4]，丰富和发展了对社会主义生产目的的认识，为推动我国经济社会发展提供了强大动力。

坚持共同富裕的发展方向，这是马克思主义发展观的根本立场。共同富裕是社会主义的本质要求，是中国式现代化的重要特征，实现共同富裕不仅是经济问题，而且是关系党的执政基础的重大政治问题，要坚持以人民为中心的发展思想，在高质量发展中促进共同富裕。[5] 党的十八大以来，党中央把握发展阶段新变化，把逐步实现全体人民共同富裕摆在更加重要的位置上，推动区域协调发展，采取有力措施保障和改善民生，打赢脱贫攻坚战，全面建成小康社

---

［1］《中共中央关于党的百年奋斗重大成就和历史经验的决议》，人民出版社 2021 年版，第 70 页。

［2］习近平：《在庆祝中国共产党成立 100 周年大会上的讲话》，人民出版社 2021 年版，第 11 页。

［3］习近平：《论坚持全面深化改革》，中央文献出版社 2018 年版，第 54 页。

［4］《中共中央关于党的百年奋斗重大成就和历史经验的决议》，人民出版社 2021 年版，第 66 页。

［5］习近平：《扎实推动共同富裕》，《求是》2021 年第 20 期。

会，为促进共同富裕创造了良好条件。在全面建设社会主义现代化国家新征程中，我们必须把促进全体人民共同富裕摆在更加重要的位置。党的十九届五中全会提出了"全体人民共同富裕取得更为明显的实质性进展"的发展目标。这是一项长期任务，也是一项现实任务，"尽力而为、量力而行，主动解决地区差距、城乡差距、收入差距等问题，让群众看到变化、得到实惠"[1]。"在高质量发展中促进共同富裕，正确处理效率和公平的关系，构建初次分配、再分配、三次分配协调配套的基础性制度安排"。为了形成橄榄形分配结构，我们采取了一系列政策体系，一方面，按照经济社会发展规律循序渐进，"自觉主动解决地区差距、城乡差距、收入差距等问题，推动社会全面进步和人的全面发展，促进社会公平正义，让发展成果更多更公平惠及全体人民"[2]；另一方面，加大税收、社保、转移支付等调节力度并提高精准性，扩大中等收入群体比重，增加低收入群体收入。当然，我们说的共同富裕是全体人民的共同富裕，不是少数人的富裕，是人民群众物质生活和精神生活的全面富裕，不是某一单方面的富裕，也不是整齐划一的平均主义。

加强党的全面领导、尊重人民首创精神与朝着共同富裕方向迈进的有机结合，是"两大布局"发展理论对共产党执政规律的认识深化的体现。发展是党执政兴国的第一要务，我们党必须始终坚持以人民为中心的发展思想，坚持党的全面领导，把握好生产力与生产关系、经济基础与上层建筑的辩证关系，尊重人民首创精神，确保中国特色社会主义发展朝着共同富裕方向迈进。坚持理论创新是党的百年奋斗历史经验之一，"两大布局"发展理论体系就是新时代如何既坚持发展是党执政兴国的第一要务，又在发展理念、发展方式、发展内涵上不断改革创新的重要体现，既"坚持把马克思主义基本原理同中国具体实际

---

[1]《习近平春节前夕赴贵州看望慰问各族干部群众》，《人民日报》2021年2月6日。
[2] 习近平：《把握新发展阶段，贯彻新发展理念，构建新发展格局》，《求是》2021年第9期。

相结合、同中华优秀传统文化相结合"，又"坚持实践是检验真理的唯一标准，坚持一切从实际出发"[1]。新时代中国的发展理论，"不是简单套用马克思主义经典作家设想的模板，不是其他国家社会主义实践的再版"，而是我们党"结合新的实践不断推进理论创新、善于用新的理论指导新的实践"[2]，是马克思主义发展观在当代中国实践的最新成果，是中国特色社会主义发展理论的新境界。

---

[1][2]《中共中央关于党的百年奋斗重大成就和历史经验的决议》，人民出版社 2021 年版，第 67 页。

后　记

　　本书源于作者主持完成的上海市哲学社会科学规划"习近平新时代中国特色社会主义思想系统化学理化系列研究"课题《中国特色社会主义伟大实践与"五位一体"总体布局和"四个全面"战略布局》（2020WXB010），以及中央马克思主义理论研究和建设工程特别委托项目《新发展阶段的新特征新要求研究》（2021MYB008）的成果。

　　党的十八大以来，中国特色社会主义进入新时代。党面临的主要任务是，实现第一个百年奋斗目标，开启实现第二个百年奋斗目标新征程，朝着实现中华民族伟大复兴的宏伟目标继续前进。以习近平同志为核心的党中央统筹把握中华民族伟大复兴战略全局和世界百年未有之大变局，围绕新时代坚持和发展什么样的中国特色社会主义、怎样坚持和发展中国特色社会主义，建设什么样的社会主义现代化强国等一系列重大时代课题，创立了习近平新时代中国特色社会主义思想。习近平新时代中国特色社会主义思想是当代中国马克思主义、二十一世纪马克思主义，是中华文化和中国精神的时代精华，实现了马克思主义中国化新的飞跃。其中，明确了中国特色社会主义事业总体布局是经济建设、政治建设、文化建设、社会建设、生态文明建设五位一体，战略布局是全面建设社会主义现代化国家、全面深化改革、全面依法治国、全面从严治党四个全面。"五位一体"总体布局和"四个全面"战略布局是习近平新时代中国特色社会主义思想的重要内容之一，是当代中国马克思主义发展观，实现了中国式发展理论新的飞跃。本书总结提炼了"两大布局"的系统理论、战略理论、结构理论、动力理论以及"两大布局"的政治经济学框架和发展理论体系。"五位一体"正是对"实现什么样的发展，怎样发展"的科学回答。其中，经济建设是根本，政治建设是保障，文化建设是灵魂，社会建设是条件，生态文明建设是基础。"四个全面"是对"五位一体"总体布局的落实。在中国式现代化道路上，"五位一体"具有长期性和战略指导性，"四个全面"具有阶段性和现实指向性，两者是整体规划和重点推进的有机统一、长远目标与阶段任务的有机统一。"两大布局"涉及生产力与生产关系、经济基础与上层建筑各个环节，贯通中国发展进程的各个方面，是新时代我们党对社会主义建设实践经验的科学总结，是党对社会主义建设规律认识不断深化的重大成果。

本书从规划、研究到出版，历时3年，得到了中央宣传部理论局、上海市习近平新时代中国特色社会主义思想研究中心、上海市社会科学界联合会、上海市哲学社会科学规划办公室的大力支持，衷心感谢中共上海市委宣传部原副部长潘世伟、上海市经济学会会长周振华研究员、上海社会科学院党委书记权衡、上海市社会科学界联合会党组书记王为松、复旦大学马克思主义研究院周文教授等资深专家在课题成果评审中提出的宝贵建议。本书的出版还特别得益于上海人民出版社领导的关心和编辑的高效工作。

殷德生

2022 年 8 月 31 日

图书在版编目(CIP)数据

"两大布局"论/殷德生著.—上海:上海人民
出版社,2022
ISBN 978 - 7 - 208 - 17797 - 0

Ⅰ.①两… Ⅱ.①殷… Ⅲ.①中国特色社会主义-社
会主义建设模式-总体布局-研究 ②中国特色社会主义-
发展战略-研究 Ⅳ.①D616

中国版本图书馆 CIP 数据核字(2022)第 124487 号

责任编辑　罗　俊　宫兴林
封面设计　汪　昊

"两大布局"论
殷德生　著

出　　版　上海人民出版社
　　　　　(201101　上海市闵行区号景路 159 弄 C 座)
发　　行　上海人民出版社发行中心
印　　刷　上海商务联西印刷有限公司
开　　本　787×1092　1/16
印　　张　11.5
插　　页　2
字　　数　143,000
版　　次　2022 年 9 月第 1 版
印　　次　2022 年 9 月第 1 次印刷
ISBN 978 - 7 - 208 - 17797 - 0/D・3973
定　　价　48.00 元